광복 71주년
역사 속 榮(영)辱(욕)의
인물들

광복 71주년
역사 속 榮영辱욕의
인물들

정인열 지음

해조음

책을 펴내며·····4

 1부 항일의 삶 - 별이 되다

'역사를 잊지 말자'는 취지에 공감해 주었으면

'역사를 잊지 말자!(勿忘歷史)'

2012년 12월 경기도 파주시 교하읍 출판도시에 있는, '언론 의병장의 꿈'을 간직하고 출판사인 (주)나남을 운영하시는 조상호(趙相浩) 대표 사무실에서 필자가 조 대표께 전달한 독후감이다. 조 대표께서 필자와의 우연한 만남을 기념하는 선물로 3권짜리 장편소설『왜란 : 소설 징비록』(이번영 지음)을 주면서 독후감을 주문했다.

그렇게 달랑 내놓은 짧은 독후감과 함께 이런 말도 한 기억도 있다. "책의 한 쪽, 한 쪽을 넘기는 것이 그렇게 힘들고 책의 종이 한 장, 한 장이 무거운 줄 몰랐다"고. 사실 그랬다. 서애(西厓) 유성룡(柳成龍)의 '징비록'(懲毖錄)을 바탕으로 쓴 소설인지라, 임진왜란 당시 우리 민족이 당한 치욕의 역사를 고스란히 느낄 수 있었다. 책장을 넘길 때마다 가슴은 답답하기만 했다. 게다가 당시 나는 매일신문 서울지사장으로 근무하면서 매일신문의 '역사 속 인물'이라는 장기 고정물의 필진으로 매주 한 차례(월요일) 참여하고 있었기 때문에 더욱 그랬는지도 모른다.

필자는 2012년 6월 4일부터 2014년 12월 22일까지 모두 129회에 걸쳐 연재했다. 그러나 연재된 인물은 매주 해당되는 월요일의 날짜와 관련된 인물로 선정한 탓에 인물선정이 고르지 못한 것은 사실이다. 또 역사 속 인물의 남아 있는 사진 자료가 많지 않고 상태도 좋지 않아 인쇄 상태가 선명하지 못한 점을 밝힌다. 그러함에도 필자는 특히 암울했던 일제 식민지배 시절을 전후로 한 시기에 국내·외에서 나라를 되찾기 위한 투쟁에 목숨조차 아끼지 않고 나라에 바친 선열(先烈)의 활동과 삶을 일부나마 소개하거나 새로 발굴하는 일에 많이 매달렸다. 아울러 나라를 사랑하고 아낀 선열 못지않게 오로지 일신의 영달을 위해 조국을 배신한 인물들도 많이 만났다. 그들을 추적하는 일도 마다하지 않았다. 그들 역시 분명한 역사 속 인물이었다. 하지만 애국 선열과는 달리 뒷사람의 반면교사로서 교훈이 되기에 충분하다고 판단해서다. 치욕의 역사도, 치욕의 인물도 역사의 일부이니까.

그렇게 매주 한 차례씩 쓴 영광스런 '역사 속 인물'과 치욕스런 '역사 속 인물'에 대한 이야기가 회사 사정으로 중단되면서 나의 '역사 속 인물' 기행도 끝나고 말았다. 가슴에 자랑스러움과 함께 답답함도 가득 채워준 그런 '역사속 인물'을 더 이상 만나지 않아도 됐지만 그렇지만 뭔가 허전한 듯했다.

그러던 차에 해조음 이철순 대표께서 광복 71주년을 맞아 '역사 속 인물'을 엮으면 좋겠다는 제안으로 이제 그 결과물이 세상에 나오기에 이르렀다. 필자의 허전함을 메운다는 일보다 지나간 '역사 속의 인물'을 더듬어봄으로써 아픈 과거를 잊지 않는 것도 나쁘지 않을 것 같다는 생각에서다.

그래서 129회에 소개한 '역사 속 인물' 가운데 광복 71주년과 맞는 인물들을 다시 뽑아 모두 133명으로 줄였다. 나라에 목숨을 바친 인물, 역사에 큰 족적을 남긴 인물, 민족을 배반하고 죽을 때까지 자신의 영달과 부귀영화를 위해 살다 간 인물, 여성으로서 큰 족적을 남긴 인물, 외국인으로서 큰 역할을 한 인물들이 주인공이다. 그리고 이들의 삶을 5부로 나눠 묶어 소개하게 됐다.

제 1부는 '항일의 삶-별이 되다'라는 제목으로 모두 83명을 간단한 약력과 함께 소개했다. 제 2부 '친일의 삶-어둠이 되다'에는 19명의 친일과 변절의 인물을, 제 3부 '또 다른 삶-길이 되다'에는 암울한 시대에 또 다른 길을 걸어간 인물 21명의 이야기를 담았다. 제 4부 '여성의 또 다른 삶-희망이 되다'에는 6명의 여성 인물의 활동을, 마지막으로 제 5부 '외국인-조선에 빠지다'에는 한국을 위해 큰 역할을 한 4명의 외국인 이야기를 다루고 있다.

부족하지만 오늘이 있기까지 오로지 나라를 위해 모든 것을 던져 바치고 '하늘의 별'이 되어 우리 민족이 나아갈 앞으로의 길을 비추는 '빛'이 된 수많은 애국 선열들께 이 책으로 조금이라도 감사를 전할 수 있으면 다행이겠다. 그리고 이 책을 읽는 단 한 사람만이라도 '어둠'이 된 인물들의 행적을 되돌아보며 '역사를 잊지 말자'(勿忘歷史)는 취지에 공감해 주면 더없이 좋겠다.

아울러 집안에서는 늘 도움이 되지 못한 남편을 원망하지 않고 잘 참아준 아내 김연화와 아버지 말을 참조해서 해병대 근무를 마다하지 않고 끝까지 병역의무를 잘 마쳐준 큰 아들 주원, 남편 대신 어머니의 말 벗이 된 둘째아들 주혁에게 고마움을 전하고 싶다.

2016년 8월 정인열

1부

항일의 삶

별이 되다

6 · 25전쟁 중 독립운동가 증손녀와 결혼한

강 근 호 (姜槿虎)

1888월 11월 3일~1960월 2월 24일

- **1954년** 미국 동성무공훈장
- **1953년 5월** 전쟁 중 결혼
- **1950년** 육군 제103사단 13연대장으로 6 · 25참전
- **1943년** 애국동지회 청년군사훈련 교관
- **1922년** 공산주의 반대투쟁으로 이르쿠츠크 형무소 복역
- **1921년** 이르쿠츠크 고려혁명군관학교 교관 근무
- **1920년** 북로군정서 후위부대장, 청산리전투 참전
- **1919년** 만주군정서 무관학교 졸업
- **1919년 3월** 중국 연변에서 3 · 1운동 참여
- **1916년** 함흥중학교 재학중 일본 경찰 수배

"청산리전투에서 산화한 독립군을 위해 작은 돌비석이라도 하나 세워주기 바란다."

일제강점기엔 독립운동에 젊음을, 6·25전쟁 땐 조국 수호에 몸을 바친 독립운동가 강근호(姜槿虎). 1888년 11월 3일 함경도 정평에서 태어났으며 조선 패망 뒤 1916년 함흥중학교 재학 중 경찰 수배를 받자 만주로 망명, 독립운동의 길을 걸었다.

1919년 3·1만세운동 땐 연변(延邊) 용정(龍井)에서 만세운동에 참여했고, 신흥무관학교에 몸을 담았다. 1920년 북로군정서 중대장으로 청산리(靑山里)전투에 참전했다. 또 1921년엔 시베리아로 건너갔다가 러시아 적군과의 교전으로 한국 독립군 의병대가 참변을 당한 흑하사변(黑河事變·자유시참변)을 겪었으며 이후 이르쿠츠크 고려혁명군관학교 교관으로 지내다 1922년 공산주의 반대 투쟁으로 이르쿠츠크 형무소에서 1년간 복역했고 출옥 후 다시 만주에서 독립운동과 독립군 양성에 나섰다.

광복 후 1947년 귀국, 1949년 육군사관학교 소위로 임관해 이듬해 6·25전쟁에 연대장으로 참전했다. 특히 전쟁 중 19세에 학도의용군으로 자원입대한, 독립운동가 이시영(李始榮)의 증손녀 이정희(李丁熙)를 1952년 1월 강원도 인제에서 만나 1953년 5월 진중(陣中) 결혼했다. 1954년 전쟁공로로 미국 정부의 동성무공훈장을 받았다. 1956년 예편 뒤 부산에 정착, 1960년 삶을 마쳤다. 1977년 건국포장, 1990년 건국훈장 애국장이 추서됐고, 2000년 부산 해운대 장산에 기념비가 세워졌다.

LG 창업주 부친의 독립자금, 김구에게 전한

구 여 순(具汝淳)

1896년~1946년

- 1942년 4월 고려구국동지회 조직활동
- 1928년 출감 후 시베리아에서
  반제지방단부(反帝地方團部) 조직
- 1924년 12월 의열단 폭동계획 발각, 서대문형무소 복역
- 1923년 12월 조선총독부관서 파괴 목적 귀국
- 1923년 8월 의열단 입단
- 1922년 상해서 의열단장 김원봉 면담
- 1919년 3월 14일 만세시위운동 전개, 2년 징역 선고
- 1919년 3월 3일 상경, 만세운동 참가

"가세가 극빈하여 젊은 아내는 이웃집으로 품팔이를 하여 겨우 병든 노모를 봉양하고 세 명의 어린 아이들을 기른다는데 이 말을 들은 군산의 김병선 씨는 어려운 중에서 돈 일원을 내고 이에 동감한 제씨가 각각 돈을 내어… 가족에게 전달하였는데 기부한 방명과 금액은 아래와 같더라."

독립운동으로 수감 중인 의열단원 구여순(具汝淳 · 1896~1946) 가족돕기 성금 이야기를 소개한 1924년 2월 26일 자 신문 보도다.

경남 의령 출신으로 1919년 3월 서울 만세운동에 참가한 뒤 고향에서 만세시위를 벌이다 감옥 생활을 했고 출옥 뒤 서울서 학교에 다니며 독립운동을 했다. 1922년 상하이로 건너가 김원봉 의열단장을 만나 1923년 8월 입단, 무력 항일투쟁 활동을 준비했다.

그해 12월 국내로 잠입, 조선총독부 관서 파괴를 위한 계획을 세워 자금모금 활동 중 12월 23일 경찰에 체포됐다. 재판 동안 방청석은 입추의 여지가 없었고, 가족의 비참한 생활상이 알려졌다. 4년형을 선고받고 형기를 마치고 출소, 1928년 시베리아로 무대를 옮겨 독립투쟁과 국내 독립자금 모금활동을 했다.

진주의 구재서(具再書)는 5천원을 그를 통해 임시정부 김구 주석에 전했는데 구재서는 LG그룹 창업자인 구인회(具仁會) 회장의 아버지다. 구 회장도 독립운동가 안희제를 통해 독립자금 1만원을 김구 주석에게 전했다고 한다.

1941년 귀국, 광복을 누리고 생을 마쳤다. 대통령 표창, 건국포장, 애국장이 추서됐다.

총독부의 수뇌부 암살을 시도한
권 영 만(權寧萬)

1877년 3월 15일~1950년 4월

- 1963년 건국훈장 독립장 추서
- 1922년 4월 경성지방법원 징역 8년 선고
- 1920년 6월 주비단(籌備團) 조직참여. 일경에 체포
- 1920년 2월 조직적 군자금 모집활동 위해
   장응규 상해 파견
- 1919년 8~9월 국내 군자금 모금활동
- 1918년 일제 검거 피해 만주망명
- 1915년 12월 경북우편마차암습사건 참여
- 1915년 대한광복회(大韓光復會) 참모장 활동
- 1907년 의병활동 시작, 국권회복운동 참가

경북 청송에서 태어나 아버지(권인환·權寅煥)를 따라 1907년 의병 활동에 참여했고 1915년엔 독립 비밀결사 '대한광복회'를 조직, 참모장을 맡아서 조국 광복에 헌신했던 권영만(權寧萬·1877~1950)은 1921년 6월 24일 대구에서 일제 경찰에 검거됐다.

혐의는 조선총독부 정무총감 미즈노 렌타로 등 일본 고관에 대한 암살 기도였다. 당시 미즈노는 조선총독 다음 서열로 오늘날 국무총리에 해당하는 인물이었다.

독립투사 박상진(朴尙鎭)·우재룡(禹在龍) 등과 고민하다 광복회를 조직한 그는 1917년엔 우재룡과 경주에서 대구로 수송 중이던 경주·영덕·영일 등 3개 경북 동해안 지역 세금을 탈취, 독립 군자금에 보탰다. 나아가 1920년 우재룡 등과 '주비단'을 만들어 군자금을 모아 상해임시정부에 보내 나라 밖에서의 독립운동 지원 활동도 펼쳤다. 그러던 중 재만서로군정서(在滿西路軍政署)의 비밀지령을 받아 거사를 준비했다.

마침 미국 의원단이 폭압적인 일제 지배에 대한 조사를 위해 한국을 방문할 예정이었다. 총독부 수뇌부 제거 계획은 실패했고 그는 8년형을 선고받아 옥고를 치러야 했다.

그는 출옥 뒤 대종교(大倧敎)에 입교해 종교 활동을 맡아 하다 조국 광복을 목격하고 1950년 민족상잔의 아픔인 6·25 남침 전쟁이 터지기 직전에 생을 마쳤다.

정부는 1963년 건국훈장 독립장을 추서하고 그를 기렸다.

을사5적 군부대신 이근택 응징한

기 산 도(奇山度)

1878년 10월 16일~1928년 12월 4일

- 2003년 10월 독립 운동가 선정
- 1963년 건국훈장 독립장
- 1920년 임시정부 의무금 요구혐의,
  광주지방법원재판 징역 3년
- 1906년 평리원 징역 2년 6개월 판결
- 1905년 11월 을사5적 처단 결사대 조직
- ? 자강회(自强會) 조직

"너희 5적을 죽이려는 것이 어찌 나 한 사람 뿐이겠느냐. 단지 나는 너를 죽이려던 것이 서툴러 탄로 나게 된 것만이 한스럽다. 5적을 모두 죽이려고 시일을 지연시켜 오늘에 이르렀다. 성공하고 실패하는 것은 오로지 하늘에 달렸으니 어찌 묻느냐. 너 역적이 오늘 나를 쾌히 죽이겠구나!"

전라도 장성에서 태어나 일찍이 기독계 학교 선생으로 학생들을 가르쳤고 일제의 을사늑약의 강제 체결 등 조선식민지화 획책에 맞서 을사 5적의 처단을 결심했다.

그는 결사대를 조직하여 저격무기를 구입한 뒤 1906년 2월 17일 새벽 군부대신 이근택(李根澤) 집을 습격했으나 실패한 기산도(奇山度·1878~1928)는 체포 뒤에도 당당했다. 후실(後室)과 잠자던 을사 5적인 군부대신 이근택은 침실에서 그를 비롯한 결사대 3명의 습격으로 칼에 10여 군데나 찔렸으나 구차한 목숨을 건졌다. 이들의 습격 이후 매국노들은 일본 경찰의 보호를 받으며 살아야 했고 습격자 검거에 혈안이 된 일제 경찰에 의해 붙잡힌 그는 갖은 악형과 고문에 시달렸고 출옥 뒤에도 독립운동을 계속했다.

1920년에는 상해 임시정부에 군자금을 보내려고 동지를 모으다 또다시 일제 경찰에 체포돼 징역 3년형을 선고받고 감옥살이를 했다. 일제의 잔악한 고문으로 결국 절름발이로 감옥을 나온 뒤 유랑생활을 하다 전남 장흥(長興)에서 병사(病死)했다.

정부는 1963년 건국훈장 국민장을 추서했고 2003년 '10월의 독립운동가'로 선정해 기렸다.

변절의 시대에 항일로 맞선 시인

김 광 섭(金珖燮)

1905년 9월 21일~1977년 5월 23일

- 1970년 국민훈장 모란장
- 1968년 '성북동 비둘기' 발표
- 1967년 문공부 예술문화대상
- 1965년 5 · 16문예상
- 1958년 서울시문화상
- 1955년 경희대학 교수
- 1941년 반일 민족사상 고취 혐의 체포 옥살이
- 1938년 첫 시집 '동경(憧憬)' 발간
- 1933년 와세다대학교 졸업 귀국
- 1920년 서울 중앙고보 입학

"일본놈들, 조선 사람의 피를 짜서 소다수에 타 먹으라."

조선 패망 뒤 어린 시절 3·1 만세운동을 목격했고 식민지배 말기 일제 발악에 변절 문인이 속출하던 시절에도 뜻을 굽히지 않고 학교에서 '황국신민서사'(皇國臣民誓詞) '궁성요배'(宮城遙拜) '일어전용' '창씨개명'(創氏改名) 등 식민지 정책에 맞서 학생들에게 민족 얼을 심었던 '성북동 비둘기' 시인 김광섭(金珖燮).

1905년 9월 22일 함경북도 경성에서 태어나 식민지배와 3년 8개월간 감옥살이, 광복, 6·25남침, 4·19혁명, 5·16쿠데타 등 굴곡진 역사를 겪으며 남다른 민족애를 가졌다. 1924년 중동학교를 졸업, 이듬해 와세다대학에 들어가 문학 활동을 했고 1932년 졸업으로 귀국, 1933년부터 모교에서 학생들을 가르쳤다.

일제 정책 반대와 민족사상 고취 이유로 1941년 제자들 앞에서 조선인 형사에 잡혀 연행돼 고문에 시달렸다. 이때 창고의 낡은 상자 속의 일본 유학시절 쓴 일본을 저주하는 문구가 있는 일기장으로 결국 서대문형무소에서 옥살이했다. 일본 군인들을 때려 고문받던 김두한과 같은 방을 쓴 것도 이때였다.

광복 이후 우익 활동과 민족주의 문학건설에 앞장섰고 이승만 대통령 공보비서관, 언론사 사장, 대학교수 등을 맡기도 했다. 1965년 쓰러져 긴 투병생활을 하다 1977년 생을 마쳤다. 1970년 국민훈장 모란장을 수여했고, 1977년 건국포장을 추서했다. 1989년엔 아호를 딴 '이산문학상'이 제정됐고, 2014년에는 '김광섭 자서전, 나의 이력서–시와 인생에 대하여'가 출간됐다.

일제 빚 청산 운동 불 붙인
김 광 제(金光濟)
1866년 7월 1일~1920년 7월 24일

- 2007년 대구국채보상공원 내 흉상제막
- 1920년 조선노동공제회 창립,
  조선노동대회 전국연합회 회장, 경성본부장
- 1919년 조선청년독립단 참여
- 1916년 일신학교를 흥동학교(興東學校)로 개칭
- 1915년 6년 일신학교(日新學校) 설립, 교장 취임
- 1909년 9월 전국 강연집 '동양선생 김광제 강연' 출판
- 1907년 1월 29일 대구광문사 부사장 서상돈(徐相敦)
  국채보상운동 발의
- 1906년 대구광문사(廣文社) 사장, 사립보통학교 교장,
  달명의숙(達明義塾) 부교장
- 1905년 배일 및 내정부패 탄핵상소,
  고군산도 유배 2개월
- 1888년 관계진출(훈련원첨정, 비서원승,
  호남시찰사, 동래경무관)

일제 빚 청산 운동 불 붙인
서 상 돈(徐相敦)
1850년 10월 17일~1913년 6월 30일

- 2007년 대구국채보상공원 내 흉상제막
- 1908년 4월 1일 근대식 교육기관
  성립학교(聖立學校) 개교
- 1907년 2월 26일 고종황제의 칙어(勅語)와
  단연보상 참여
- 1907년 1월 29일 국채보상운동 발의
- 1906년 대구광문사(廣文社) 부사장
- 1905년 달서여학교(達西女學校) 설립 참여
- 1898년 독립협회 재무담당 간부,
  만민공동회 재무부장
- 1894년 탁지부 시찰관, 경상도 세정 총괄
- 1885년 대상인 지위확보
- 1859년 상주에서 외가인 대구로 이사
  상업 활동 참여

"애국심이여, 애국심이여/대구 서공 상돈(徐公 相敦)일세/1천3백만환 국채 갚자고/보상동맹 단연회 설립했다네/…/ 대구 땅만 나라 땅이냐?/대한 2천만 민중에/서상돈만 사람인가?/단천군 이곳 우리들도/ 한국백성 아닐런가?/…/아홉 살 어린이 이용봉도 / 세뱃돈 얻어 보조하니/…/포동 사는 안형식이 지금 여섯살 어린 애로서 아버지의 의금 내는 것 보고 /구화 2원 꺼내 바쳤네/….''

일제에 진 빚 1천300만환을 갚기 위해 대구의 출판사 광문사(廣文社) 사장 김광제(金光濟·1866~1920·사진 위)와 부사장 서상돈(徐相敦·1850~1913)은 1907년 2월 24일 금연과 금주 등으로 모금운동을 시작했고, 멀리 미국 샌프란시스코와 로스엔젤레스으로도 확산됐다. 이들은 '국채일천삼백만환보상취지서'로 동참을 호소했다.

최시형 아들 최동희가 '동학교도 300만명이 1원씩 모으면 300만원을 갚을 수 있다'며 레닌에게 독립자금 300만원을 요청했던 것처럼 '2천만 국민이 금연하여 한달간 담배값 20전(錢)씩을 석달간만 모으면' 일본차관(1천3백만환)을 갚을 수 있다는 논리였다.

함경도 단천에서는 '국채보상가'를 지어 참여를 촉구했다. 일제 방해로 실패했지만 길이 역사에 빛났다. 1997년 IMF 때는 금모으기 운동으로 재연됐다.

김광제에게 대통령표창과 건국훈장 애족장, 서상돈에겐 건국훈장 애족장이 추서됐다. 2007년 국채보상운동 100주년 때 두 사람은 '2월의 독립운동가'로 뽑혔다.

바라던 독립 뒤의 분단, 납북돼 삶을 마친

김 규 식(金奎植)

1881년 1월 29일~1950년 12월 10일

- 1950년 6 · 25전쟁 납북

- 1948년 4월 김구와 남북협상 참석

- 1943년 민족혁명당 중앙위원회 주석 선출

- 1935년 7월 민족혁명당 창당 참여

- 1922년 극동 피압박 민족대회 한국 대표단원 참가

- 1921년 4월 상해 도착, 한중호조사(韓中互助社) 창립

- 1919년 파리강화회의 파견, 미국활동,
  통합 임시정부 학무총장 선임

- 1913년 4월 중국 상해 망명, 동제사(同濟社) 가입

- 1903년 6월 로녹대학 졸업, 프린스턴 대학원 석사 졸업

- 1897년 미국 유학, 버지니아주 로녹대학 예과 입학

"우리의 독립은 평화회의나 모종의 유력한 단체로부터 승인을 받던지, 첩지(帖紙)를 내어 주듯 할 것이 아니오. 우리의 최고기관으로부터 각 단체 또는 전 민족의 합심과 준비 여하에 달렸나니 이것이 있으면 우리에게 독립이 있고, 그렇지 않으면 우리에게는 파멸이 있을 따름이오. 고로 금일 우리 민족은 그 멸취(滅取)의 기로에 서 있는 것이오."

아버지의 귀양 충격으로 어머니가 죽자 4세에 미국 선교사 언더우드 목사집에 입양돼 서양교육을 받기 시작한 김규식(金奎植·1881~1950)은 독립신문 입사, 독립협회 가입 등으로 일찍 세상에 눈을 떴다. 1897년 미국 로녹대학에 유학했는데 불어·독어 등 외국어 실력은 발군이었다. 1903년 졸업뒤 프린스턴대학원에서 영문학 석사 학위를 받고 1904년 귀국, 선교와 교육, 민중계몽운동에 전력하다 1913년 상해로 가 독립운동을 하며 1917년 대동단결선언을 발표, 임시정부 수립을 제안했다.

1919년 5월 12일 대한민국 임시정부 외무총장 겸 강화회의 파리 대표위원으로 파리강화회의에 독립청원서를 제출했으나 상정조차 되지 못했다. 그 뒤 1922년 소련에서의 극동피압박민족대회에 한국대표단으로 참석, 레닌에게 독립운동 지원을 호소하기도 했다. 또 미국에서의 독립자금 모금, 민족혁명당 창당에도 참여했다. 김구 주석과 함께 부주석으로 임정을 이끌다 광복 후 귀국, 김구와 민족분단을 막으려 남북협상을 벌였다. 1950년 전쟁 때 납북돼 12월 삶을 마쳤다. 1989년 건국훈장 대한민국장이 추서됐다.

죽어서도 왜적 망하길 바란 독립운동가

김 동 삼(金東三)

1878년 6월 23일~1937년 4월 13일

- 1931년 일본 경찰에 체포, 10년 선고로 옥중 순국
- 1930년 7월 한국독립당 고문
- 1923년 국민대표회의 의장
- 1922년 통의부 총장
- 1919년 서로군정서 참모장
- 1919년 2월 대한독립선언서(大韓獨立宣言書) 발표참여
- 1914년 백서농장(白西農庄) 건립
- 1913년 3월 이름(본명 긍식)을 동삼으로 호칭
- 1911년 신흥학교 설립
- 1910년 12월 만주 망명
- 1907년 3월 협동학교 설립
- 1895년 12월 안동의병장 추대

"나라 없는 몸 무덤은 있어 무엇 하느냐. 내 죽거든 시신을 불살라 강물에 띄워라. 혼이라도 바다를 떠돌면서 왜적이 망하고 조국이 광복되는 날을 지켜보리라."

1878년 6월 23일 경북 안동의 내앞 즉 천전(川前)마을에서 태어난 '만주벌 호랑이' 독립운동가 일송(一松) 김동삼(金東三)이 1937년 옥중 순국 전 남긴 유언이다. 의성 김씨 학봉 김성일의 종손이자 안동 의병의 최고 지도자였던 서산 김흥락에게 배웠다. 일찍 세상의 변화 흐름을 읽고 독립운동에 나서 1907년 고향에 협동학교를 설립, 인재를 키워 유교질서의 안동 혁신에 앞장섰다.

1910년 조선 패망 후 만주로 망명, 독립군기지 건설과 독립군 양성으로 국내 진공을 노리고 같은 마을 족숙(族叔) 백하 김대락과 의논, 만주망명 계획을 세워 그해 12월부터 전답을 팔아 독립운동 자금을 마련해 안동을 떠났다. 의성 김씨 문중과 김대락의 손아래 처남인 석주 이상룡의 고성 이씨 문중에서의 대규모 망명이었다. 만주에서 신흥학교를 세웠고 석주가 사장을 맡은 경학사에 참여, 독립운동기지 건설에 힘을 쏟았다. 또 1914년 군사병영 역할을 한 백서(白西) 농장도 건립했고, 1919년 2월 길림에서 민족대표 39인으로 대한독립선언서에 서명했다.

항일조직인 서로군정서(西路軍政署) 참모장도 맡았고, 흩어진 독립세력 통합에 노력했다. 1931년 하얼빈에서 일본 경찰에게 붙잡혀 모진 고문 뒤 서대문형무소에서 1937년 순국했다. 유언에 따라 유골은 한강에 뿌려졌다. 1962년 건국훈장 대통령장이 추서됐다.

독립운동 동지들과 함께 잠들지 못한
김 봉 각(金奉珏)

1921년 3월 4일~1999년 3월 13일

- 1991년 3 · 1독립운동기념탑 건립
- 1990년 6월 제주방문,
    3 · 1독립운동만세동산 성지화사업 1억엔 기탁
- 1986년 조총련 탈퇴
- 1974년 김일성 유일 · 주체사상 비판
- 1946년 일본 재입국 이후 조총련 활동
- 1945년 광복직후 제주 귀국
- 1942년 9월 오사카지방재판소, 징역 2년 6월 선고
- 1941년 2월 일본 경찰에 체포
- 1940년 5월 독립운동 비밀조직 계림동지회 조직
- 1940년 4월 흥아연구회 조직

"조선 청년의 갈 길은 오직 하나, 조국 독립과 민족 해방을 위하여 헌신하는 길 뿐이다."

제주에서 태어나 일본 오사카에서 일본에서 공부하고 있던 제주 출신 유학생 5명(강금종·고봉조·김병목·부임전·한만숙)과 함께 1940년 5월 26일 독립운동 비밀결사체인 '계림동지회'(鷄林同志會)를 만든 김봉각(金奉珏·1921~1999)의 각오였다.

'계림'은 신라의 다른 이름이니 말하자면 조국을 뜻했다. 앞서 1940년 4월에 조직한 '흥아연구회'를 발전적으로 해체하고 새로 꾸린 항일 독립 비밀 단체였다.

이들은 조직과 자금, 교육, 연락 등 각자 역할을 나누고 항일 독립 활동지침을 마련했다. 조직의 비밀 누설 금지, 출석과 시간 엄수, 한국말로 회의 진행, 근신과 주색 삼가기, 동지영입 시 6명 전원합의 결정, 회의결과를 기록으로 남기지 않을 것 등 구체적 행동강령까지 정하고 활동하다 1941년 2월 경찰에 체포되고 말았다. 김봉각은 이듬해 9월 징역 2년 6개월을 선고받고 옥살이를 했다.

1945년 일제 패망 뒤 조총련 활동을 하다 김일성 유일사상과 주체사상을 비판하고 1986년 조청련을 탈퇴했다. 1990년 고향을 찾아 당시 1억 엔을 내놓고 3·1만세운동 성역화사업 지원에 나서 3·1독립운동기념탑 건립에 힘을 보태며 고향과 조국 사랑을 아끼지 않았다. 1990년, 1999년, 2003년 3차례 독립유공자 포상 신청에도 좌익활동을 이유로 제외됐다고 한다. 동지들이 묻힌 국립현충원에 함께 잠들지 못한 까닭이다.

대구에서 감옥생활을 한 항일저항 시인

김 영 랑(金永郎)

1903년 1월 16일~1950년 9월 29일

- 2008년 금관문화훈장경력
- 1949년 공보처 출판국장
- 1948년 제헌국회의원선거 출마 낙선
- 1930년 3월 창간 '시문학' 시 본격 발표
- 1923년 관동대지진, 학업 중단 귀국
- 1920년 일본 유학
- 1919년 일본경찰 체포, 6개월 대구형무소 옥고
- 1917년 휘문의숙(徽文義塾) 입학
- 1915년 강진보통학교 졸업

"모란이 피기까지는/ 나는 아즉 나의 봄을 기둘리고 잇슬테요/…/
모란이 피기까지는/ 나는 아즉 기둘리고 잇슬테요/ 찬란한 슬픔의
봄을…."

본명이 윤식(允植)인 김영랑(金永郞)은 1903년 전남 강진에서 태
어나 강진보통학교를 마치고 1917년 휘문의숙에 들어가면서 문학에
관심을 두었다. 1919년 3·1 만세운동이 일어나자 거사를 꾀하다 잡
혀 대구형무소에서 6개월 옥살이했다. 1920년 일본으로 건너가 영
문학을 공부하며 박열(朴烈)과 같은 항일 독립투사들과 사귀었다.

1923년 관동대지진으로 학업을 중단, 귀국해 박용철 정지용 등과
시문학 동인을 결성하고 작품을 썼다. 1930년 창간된 '시문학'에 작
품을 발표하며 본격 활동했다. 1934년엔 고향의 구수한 사투리가
등장하고 대표 작품이 된 '모란이 피기까지는'을 발표했다.

순수시 지향의 초기와 달리 1940년대 일제지배 말기엔 적극적인
사회참여 성격의 작품들을 선보였다. 광복 후엔 고향에서 우익활동
을 했다. 대한독립촉성회에도 참여, 강진대한청년회 단장을 지냈고
1948년 제헌 국회의원 선거에 출마해 낙선했고, 1949년엔 공보처
출판국장을 지냈다. 1950년 6월 25일 북한의 남침 후 9월 28일 서
울수복 전투 때 유탄에 맞아 그해 9월 29일 삶을 마쳤다. 고향엔 시
비가 세워졌고, 정부는 2008년 금관문화훈장을 추서했다.

독립저항 시인 이상화를 기리는 대구의 '이상화기념사업회'와 김영
랑 추모의 '영랑기념사업회'는 2013년 손을 잡고 두 지역 항일저항
시인을 위한 사업을 벌이기로 했다.

광복까지 항일로 일관한 천도교 지도자

김 완 규(金完圭)

1876년 7월 9일~1948년 9월 1일

- **1945년** 광복후 국민회 재정부장
- **1920년** 징역2년 선고 복역
- **1919년** 3 · 1독립선언서 민족대표 33인 참여 검거
- **1910년** 한일병탄 이후 천도교 입문
- **1898년** 여수통신주사 · 한성부주사

"조선의 독립을 위하여 규합, 독립선언서를 비밀리에 제작, 인쇄하여 이를 조선 전체에 배부하여 민중을 선동하고, 미국 대통령 월슨에게 조선독립 청원서를 송부하는 일을 모의 실행하였으며, 선언서를 비밀리에 작성 배부하고 선언식을 거행, 민중을 선동 독립 만세를 고창하였다."

1920년 경성복심법원은 1919년 3·1 독립선언식 민족대표 33인의 한 사람으로 참석한 천도교 지도자 송암(松巖) 김완규(金完圭·1876~1949)에게 징역 2년을 선고했다.

일본의 조선 침략을 위한 첫 먹구름인 강화도 불평등 조약이 강제로 체결되던 해에 태어나 일제 속박을 벗어나자마자 생을 마쳤으니 평생 암흑의 세월 속에서 살았던 셈이다.

조선 관리로 지내다 나라를 잃은 해(1910년)에 천도교에 입도했고 '천도교회월보' 발행인으로 활동하는 등 독립운동가의 길을 걸었다.

나라를 잃자 천도교 중앙간부 이종린(李鍾麟) 등과 함께 한일 강제 병탄 반대운동을 벌이다 1910년 9월 1일 일본 헌병에 체포돼 곤욕을 치렀다. 또 1919년 2월 천도교 3대 교주 손병희(孫秉熙)를 비롯, 권동진(權東鎭) 오세창(吳世昌) 등 천도교 지도자들로부터 독립만세운동 계획을 듣고 동참했다. 그해 3월 1일 태화관에서 열린 독립선언식에 참석했다 검거돼 2년의 옥살이를 했으나 종교활동과 항일활동을 멈추지 않았다. 광복 후엔 우익계의 반탁운동 단체인 대한독립촉성국민회 결성에 참여해 재정부장을 맡기도 했으나 곧 병사(病死)했다. 1962년 건국훈장 대통령장이 추서됐다.

홍범도와 청산리 대첩 거둔

김 좌 진(金佐鎭)

1889년 11월 24일~1930년 1월 24일

- **1929년 7월** 신민부 후신 한족총연합회 주석
- **1927년** 신민부 중앙집행위원장
- **1925년 3월** 신민부(新民府) 창설,
  군사부위원장 및 총사령관
- **1920년 10월** 청산리전투 대첩 공헌
- **1919년** 북로군정서(北路軍政署) 소속 무장독립군 총사령관
- **1918년** 만주에서 대종교(大倧敎) 입교
- **1916년** 광복단 가담
- **1911년 6월** 독립자금모금 혐의 2년형 선고,
  서대문형무소 수감
- **1907년** 고향에서 호명학교(湖明學校) 설립
- **1905년** 육군무관학교 입학

"적막한 달밤에 칼머리의 바람은 세찬데/ 칼끝에 찬 서리가 고국 생각을 돋구누나/ 삼천리 금수강산에 왜놈이 웬말인가/ 단장의 아픈 마음 쓰러버릴 길 없구나."

봉오동 전투, 대전자령 전투와 함께 일제강점하 항일 무장 독립운동의 3대 승첩(勝捷)으로 역사에 길이 빛날 청산리 전투에서 '나는 호랑이' 홍범도 장군과 함께 승리의 두 주역이 된 백야(白冶) 김좌진(1889~1930) 장군의 시 '단장지통'(斷腸之痛)이다.

조선 패망 후 무장 독립투쟁이 끊이지 않았고 1919년 3·1운동으로 독립전쟁은 더욱 거세졌는데 1920년대 초 만주에서만도 450여 개의 무장 독립단체가 활동할 정도였다.

홍범도 장군 등이 1920년 6월 일본군 157명을 사살하고 300여 명을 부상시킨 봉오동 전투 직후인 그해 10월 21일 청산리 백운평에서 5만여 명의 병력을 동원한 일본군과 김좌진·홍범도 장군 등의 2천800여 명 독립군이 전투를 벌였다. 26일까지 10여 차례 전투에서 김좌진 주력부대 등 독립군은 일본군 3천300여 명을 사살했다. 특히 최인걸 기관총 중대장은 자신의 몸을 기관총에 묶고 총알이 없어질 때까지 일본군을 사격하다 산화했다.

백야는 "…/ 삼천리 무궁화동산에 왜적이 웬 말이냐/ 내 쉬임 없이 피 흘려 싸워 왜적을 물리치고/ 진정 임의 조국 찾고야 말 것이다"라며 독립을 꿈꾸었지만 고려공산당 청년회원(박상실)이 쏜 흉탄에 순국했다.

정부는 1962년 건국훈장 대한민국장을 추서했다.

대구에서 짧은 삶을 마친 독립운동가

김 한 종(金漢鍾)

1883년 1월 14일~1921년 8월 11일

- 1963년 건국훈장 독립장 추서
- 1921년 8월 사형집행 순국
- 1919년 2월 28일 사형선고
- 1918년 1월 27일 조직탄로, 일경에 체포
- 1918년 1월 24일 충청도 악덕지주 처단 지시
- 1917년 11월 경북 칠곡부호 장승원 처단 지시
- 1917년 대한광복회 충청도지부 지부장
- 1916년 7월 조선총독처단 계획 모의 실패
- 1910년 경술국치후 충청지역 국권회복운동 전개
- 1905년 충남 홍주성 의병전투 참전

"우리 4천 년 종사는 회진(灰塵)되고 우리 2천만 민족은 노예가 되었다. 섬 오랑캐(島夷·일본)의 악정폭행(惡政暴行)은 일가월증(日加月增)하니 이것을 생각하면 피눈물이 끓어올라 조국을 회복하고자 하는 염(念)을 금할 수 없다. 이것이 본회가 성립된 소이(所以)이니, 각 동포는 그 지닌 바 능력을 다해 이것을 돕고, 앞으로 본회의 의기(義旗)가 동쪽에 오를 것을 기대하라. 그리고 각 자산가는 예축(豫蓄)하여 본회의 요구에 응하여 출금하기 바란다. 만일 본회의 기밀을 누설하거나 그 요구에 불응할 때는 자체 정규(定規)가 있어 이에 따라 징계할 것이다."

1915년 대구서 조직된 대한광복회 총사령 박상진(朴尙鎭·1884~1921)은 1917년 군자금 마련 때문에 잡혀 옥고를 치른 뒤 자신을 찾아온 김한종(金漢鍾·1883~1921)을 만나 의기투합했다. 충청지역에서 의병 소모장(召募將) 등 항일 국권회복 운동을 벌이며 조선총독을 처단하려던 계획을 세웠다 실패하고 피신 중이던 김한종은 대한광복회 포고문 취지에 공감, 광복회 가입과 함께 광복회 충청도지부장을 맡았다. 군자금 모집활동이 어렵자 보다 강력한 활동을 벌이며 거부하는 친일 부호배들을 처단키로 하고 천안읍내 악덕 지주를 응징토록 했다.

1918년 1월 지주처단으로 조직이 드러나 동지들과 잡혀 1919년 사형이 확정됐다. 이후 4년 동안 옥고를 치르다 1921년 8월 11일 고향을 떠나 대구형무소에서 박상진과 함께 순국했다. 1963년 건국훈장 독립장이 추서됐다. 2007년 충남 예산군에 기념관이 세워졌다.

군대 해산에 맞서 의병 일으킨

민 긍 호(閔肯鎬)

?~1908년 2월 29일

- 1908년 2월 29일 일본군과 전투중 피살, 순국
- 1908년 2월 27~28일 일본군과 원주 치악산 강림 전투
- 1908년 1월 13도 창의군 서울 진공작전 참여
- 1907년 12월 전국의병 연합부대 13도 창의군 참여
- 1907년 9~11월 홍천, 음성, 횡성 등 일본군 수비대 공격
- 1907년 8월 23일 이강년 의병부대와 충주 협공
- 1907년 8월 12일 여주기습, 경무분견소 포위 공격
- 1907년 8월 5일 대한제국 군대해산 반발 원주진위대 봉기 주도
- 1901년 원주진위대 본부 특무정교
- 1897년 원주진위대 고성분견대 정교(正校)

2013년 3월 국내 언론은 일제히 카자흐스탄 출신의 한 피겨선수
가 2013년 국제빙상경기연맹(ISU)의 세계 피겨스케이팅선수권 대회
에서 남자 싱글 준우승(은메달)을 차지한 사실을 보도했다.

주인공은 한국인 피가 흐르는 데니스 텐(20). 구한말 의병을 일
으켜 일제에 맞서다 목숨을 잃은 민긍호(閔肯鎬·?~1908)의 후손(
고손자)이다.

1897년 군에 입대, 군인의 길을 걷던 민긍호는 일제가 나라를 삼
키려 강제로 조선군대를 해산하려 하자 소속돼 있던 강원도 원주진
위대의 병력을 이끌고 1907년 8월 5일 봉기했다.

300여 명의 병사와 함께 원주 우편취급소와 일본 경찰을 습격해
격전을 벌인 것을 시작으로 춘천, 횡성, 원주 등지에서 유격전을 펼
치며 일제에 저항했다.

강원도 일대에서는 가장 큰 세력의 부대를 형성했던 그의 의병대
는 강원·충청·경상도 일대에서 모두 100여 차례 전투를 치르며 일
제에 타격을 주었다.

그는 1908년 1월 13도 창의군의 서울진공작전에도 참여했으며 그
다음 달 29일 일본군과 접전을 벌이다 사로잡혀 탈출을 시도하는
과정에서 목숨을 잃었다. 정부는 그의 공을 기려 1962년 건국훈장
대통령장을 추서했다.

한편 손자 데니스 텐은 2010년 1월 전주에서 열린 대회에 참가
한 뒤 원주에 묻힌 고조부 묘소에 들러 참배하기도 했다. ISU 홈페
이지 선수 이력에 자신이 민긍호의 후손임을 밝히고 있다고 한다.

친일파 군수 사살하고 꽃다운 삶을 마친

민 양 기 (閔良基)

1899년 3월 17일~1922년 2월 25일

- 1962년 건국훈장 독립장 추서
- 1922년 2월 25일 사형집행 순국
- 1921년 평양복심법원 사형 선고
- 1920년 9월 10일 일본경찰대 포위 습격, 체포
- 1920년 8월 15일 악질 친일파 처단, 주재소 습격
- 1920년 8월 구월산 무장독립대 결성, 독립단 기관 조직
- 1920년 6월 국내 잠입, 황해도지역 파견
- 1919년 3 · 1운동 참가. 만주 망명, 대한독립단 입단

일제에 맞서며 악질 친일파 관료 응징에 20대의 꽃다운 청춘을 바친 민양기(閔良基·1899~1922)는 황해도 해주 출신이다.

1919년 3·1 만세운동에 참가했다가 만주로 건너가 임시정부의 지원을 받던 대한독립단(大韓獨立團)에 들어가 무력 독립운동에 나섰다.

1920년 5월 군자금 모금과 친일파 처단 임무로 국내로 잠입해 곧바로 황해도 구월산에서 이명서, 이근영, 박기수, 주의환, 이지표, 원사현, 박지영, 고두환 등 8명 동지와 구월산대(九月山隊)란 무장 유격대를 만들었다.

1920년 8월 총독부 사주에 독립운동 방해를 일삼던 악질 친일파 황해도 은율(殷栗) 군수 최병혁(崔炳赫)과 참사 고학륜(高學倫)부터 숙청키로 했다. 그리하여 동료들과 함께 군수 사살엔 성공했으나 고학륜은 달아나 실패했다.

그해 9월 경찰은 추적에 나서 밀고(密告)를 바탕으로 구월산대 본거지를 알아내 습격했다. 총격전에서 경찰 20여 명이 죽었다.

그러나 결국 수적 열세로 대장 이명서와 대원 박기수, 주의환, 원사현, 이지영, 이근영 등 6명이 목숨을 잃었다. 민양기와 고두환, 박지영 등 20여 명은 중상으로 체포됐다.

민양기는 1921년 8월 19일 사형이 언도됐고 1922년 2월 25일 순국, 짧은 삶을 마감했다. 정부는 1962년 건국훈장 독립장을 추서하고 기렸다.

대구에서 하와이 동포 관심 호소한

민 찬 호(閔燦鎬 · 讚鎬)

?~?

- 1938년 12월 20일 호놀룰루 중한민중동맹단(中韓民衆同盟團)
  조직참여

- 1923년 9월 1일 하와이 출국

- 1923년 8월 7~9일 3일간 대구 방문, 해외동포 관심 호소

- 1921년 3월 21일 하와이 국민총회 교민단 총단장 선임

- 1918년 10월 1일 국민회전체대표회에서 한국인 대표 선발

- 1913년 미국 로스앤젤레스 흥사단(興士團) 이사장 선임

- 1909년 2월 1일 하와이와 샌프란시스코 동시 국민회 창립

- 1905년 8월 24일 하와이 호놀룰루에서
  한인상조회(韓人相助會) 조직

- 1905년 하와이 호놀룰루 한인교회 목회자로 초빙

- ?   배재학당 재학 중 협성회 활동 참여

"하와이 동포 만세! 하와이 동포 만세! 하와이 동포 만세!"

찌는 폭염 속에 1923년 8월 7일부터 3일간의 대구 방문을 마치고 10일 마산을 향해 대구시민들과 이별을 한 '하와이학생고국방문단'은 대구에서 가는 곳마다 환영을 받았다. 도착 첫날인 7일 대구역에는 수천 명의 인파가 모여 환영했다고 당시 언론은 보도했다.

첫날부터 기독교 초대 만찬회, 만경관에서의 강연회, 조찬 모임, 다섯대 자동차로 나눠 타고 대구시내 돌아보기, 만경관 음악회, 장직상 씨 초대 오찬회, 달성공원앞 조양회관 마당에서의 환영회 등으로 바쁜 일정을 보냈다.

민찬호(閔贊鎬·?~?) 단장은 대구에서 미국 포와(하와이)에서 어렵게 살아가는 동포들의 삶과 애환, 힘든 동포 자녀교육 문제 등을 소개했다. 앞서 서울에서도 하와이 교민 사정을 하며 "내지(內地) 동포들이 우리 같은 외양(外洋)에 있는 우리를 도와주지 않으면 그 누가 우리를 도와주겠습니까?"라며 관심과 지원을 호소했다. 9월 1일 하와이로 갈 때까지 하와이 동포에 대한 관심을 호소했다.

서울서 태어나 배재학당을 다녔고 1905년 하와이 호놀룰루 한인교회 목회자로 초빙돼 동포들과 한인상조회(韓人相助會)를 조직했다. 1909년엔 하와이, 샌프란시스코에 국민회(國民會) 창설에도 참여했고 1913년 안창호 등이 흥사단을 만들 때 이사장으로 활동했다. 1921년 7월 7일 이승만과 함께 호놀룰루에서 임시정부 후원단체인 동지회를 창립, 지원하는 등 열악한 해외에서 독립운동에 헌신했다.

'자자손손 항일' 맹세하며 대구에서 순국한

박 상 진(朴尙鎭)

1884년 12월 7일~1921년 8월 13일

- 1918년 친일 악덕 부호 · 지주 처단 지시, 체포, 사형선고
- 1917년 4월 대구지방법원 징역 6월형 선고, 옥살이
- 1916년 만주에서 권총구입, 국내반입으로 일경에 체포
- 1915년 7월 15일 대한광복회(大韓光復會) 총사령 추대
- 1915년 1월 15일 조선국권회복단(朝鮮國權恢復團) 참여 활동
- 1912년 귀국, 대구에 곡물상회 상덕태상회(尙德泰商會) 개설
- 1911년 중국 만주 여행, 독립운동인사 면담
- 1910년 양정의숙 졸업, 평양법원 발령
- 1907년 양정의숙(養正義塾) 전문부 법과 입학
- 1902년 허위(許蔿) 문하 수학

"오인(吾人)은 대한독립광복을 위해 오인의 생명을 희생에 공(供)함은 물론, 오인이 일생의 목적을 달성치 못할 시는 자자손손이 계승하여 수적(讐敵) 일본을 완전 구축하고 국권을 회복할 때까지 절대 불변하고 결심 육력(戮力)할 것을 천지신명에게 서고(誓告)함."

1884년 울산에서 태어나 일제에 맞서다 1921년 순국할 때까지 독립운동가 박상진(朴尙鎭)이 지녔던 각오다. 의병장 허위의 제자였던 그는 1908년 순국한 스승의 시신을 경북 선산에 장사 지낸 뒤 1910년 나라를 잃자 판사 옷을 벗고 독립운동에 투신했다.

중국 만주를 돌며 독립의 꿈을 키우고 1912년 귀국, 대구에 상덕태상회(尙德泰商會)란 곡물상회를 차려 군자금 마련 등 독립운동 거점으로 삼았다. 또 독립군을 양성, 민족독립을 이룰 계획으로 1915년 대구서 대한광복회를 만들었다.

이듬해 군자금 마련을 위해 권총을 만주에서 구입, 반입하다 붙잡혀 옥고를 치렀다.

친일 부호세력을 응징했고 대한광복회 조직이 탄로 나 1918년 대구법원에서 사형 선고로 4년간 옥고를 치르다 같은 혐의로 김한종(金漢鍾)과 함께 1921년 8월 13일 대구형무소에서 형이 집행돼 안타까운 생을 마쳤다.

당시 언론은 그가 교수대에서 태연하게 죽음을 맞았다고 보도했다. 정부는 그의 공적을 기려 1963년 건국훈장 독립장을 추서했다.

일본 부인은 문경, 자신은 평양에 묻힌

박 열(朴烈)

1902년 2월 3일~1974년 1월 17일

- 1950년 6 · 25전쟁 중 납북
- 1946년 재일조선인거류민단 단장, 신조선건설동맹 위원장
- 1945년 10월 22년 2월간 수감생활 뒤 석방
- 1926년 7월 23일 부인 가네코 후미코 자살
- 1923년 9월 일본국왕 폭살 혐의 구속
- 1923년 5월 '민중운동' 발간
- 1923년 4월 불령사 조직
- 1922년 12월 흑우회 조직
- 1921년 11월 흑도회 결성
- 1919년 3 · 1운동 참가

"재판장, 수고했네. 내 육체야 자네들 맘대로 죽이지만, 내 정신이
야 어찌하겠는가?"(박열) "우리를 단두대에 세워달라. 나는 박열과
함께 죽을 것이다."(가네코 후미코)

경북 문경에서 태어나 탄광촌에서 착취당하는 조선 백성들의 참
상을 보고 자랐고, 다니던 보통학교의 조선인 교사가 일제 압력으로
거짓 교육을 했다는 눈물 어린 고백에 충격을 받았고, 1919년 3·1만
세운동이 일어나자 일본인이 세운 학교에 다닐 수 없다며 그만두고
고향에서 만세운동을 벌였던 독립운동가 박열(朴烈·1902~1974).

일찍 항일에 눈을 떴고 해외 항일투쟁을 위해 1919년 10월 일본
에 갔다. 사회주의, 반제국주의, 무정부주의(아나키즘) 사상에 공감
하고 조선 유학생들과 '흑도회' '흑우회' 같은 항일 사상 모임을 만들
었다. 1922년 2월엔 자신의 시를 보고 공감한 '운명의 여인' 가네코
후미코(金子文子)를 만나 결혼, 평생 동지가 됐다.

1923년 9월 관동대지진 때 일제의 조선인 학살만행과 조선인 검
거 선풍으로 두 사람은 체포됐다. 조사과정에서 폭탄구입 계획이 드
러나자 일본 왕 암살 모의라는 '대역사건'을 조작, 두 사람을 옭아매
1926년 3월 사형을 선고했다.

가네코는 그러나 1926년 7월 형무소에서 자살로 삶을 마쳤다.
1945년 10월 27일 22년 2개월 감옥생활에서 석방된 박열은 1950
년 6 25전쟁 때 납북, 평양에서 생을 마감했다.

1989년 건국훈장 대통령장이 추서됐다. 가네코는 남편 고향 문경
에서 기다렸으나 끝내 합류하지 못했다.

아군에게 피살된 독립운동가
박 용 만(朴容萬)

1881년~1928년

- 1927년 4월 호놀룰루에 국어학교
  '우성학교(宇醒學校)' 설립
- 1926년 독립운동기지 건설 목적의 대본공사 설립(북경)
- 1919년 한성임시정부 외무총장 선출,
  상해 대한민국임시정부 외무총장 선임
- 1918년 '태평양시사(太平洋時事)' 신문창간 주필
- 1915년 '아메리카혁명사' 한글 번역, 출판
- 1912년 하와이 '신한국보(新韓國報)' 주필
- 1911년 재미동포 단체 대한인국민회 기관지
  '신한민보(新韓民報)' 주필 활동
- 1909년 네브라스카 커니농장에서 한인소년병학교 설립
- 1906년 헤이스팅스대학 정치학 학사학위 취득
- 1904년 도미(渡美), 링컨고등학교 1년간 수학

이역만리서 조국 광복활동을 하다 오해로 아군 총탄에 목숨을 잃은 독립운동가 박용만(朴容萬·1881~1928)은 외교노선을 택한 이승만과 함께 하와이 독립운동의 두 거목으로 무장 독립운동을 지지했다. 강원도 철원에서 태어나 1904년 도미(渡美), 1906년 헤이스팅스대학에서 정치학으로 학사학위를 받았고 1909년 독립운동과 인재양성을 위해 미국 내 최초 한인군사학교인 한인소년병학교를 세웠다.

1912년엔 13명의 첫 졸업생도 냈다. 또 1912년엔 무대를 하와이로 옮겨 6월 10일 1914년 조국 독립전쟁을 위한 대조선국민군단(大朝鮮國民軍團)을 조직해 군사훈련을 받은 130여 명의 인력을 키워 독립전쟁 준비에 나섰다.

1919년 임시정부 외무총장에 뽑혔으나 이승만과 노선이 맞지 않아 취임하지 않고, 그해 5월 북경으로 떠나 신채호 등과 함께 군사통일촉성회를 결성하는 등 무력독립의 길을 걸었다.

1926년엔 독립운동기지 건설을 목적으로 북경에 대본공사를 설립, 중국 미개간지 구입과 개간을 통한 독립운동 기지건설과 독립군 양성자금 마련사업을 추진했다.

그러나 이 과정에서 '변절했다'거나 '일본의 밀정이다'는 등의 잘못된 소문으로 독립단체인 의열단원(이해명)의 총격으로 생을 마친 것으로 알려졌다.

이간질에 능한 일제의 계략 때문은 아니었는지 모를 일이다. 정부는 1995년 건국훈장 대통령장을 추서, 기리고 있다.

을사오적 처단을 외치며 죽은 첫 주미 대사

박 정 양(朴定陽)

1841년~1905년 11월

- 1905년 9월~11월 14일 표훈원 총재 임명 및 사퇴
- 1905년 을사 보호조약 체결역적 처단상주
- 1898년 독립협회 주최 만민공동회 참석, 시정 개혁약속
- 1897년 서재필, 윤치호, 이상재 등과 독립협회 조직
- 1896년 아관파천 뒤 내부대신 · 총리대신서리 겸임
- 1894~1895년 김홍집 내각 학부대신, 내부대신
- 1889년 청나라 압력, 주미공사 사직 귀국
- 1888년 미국 대통령 클리블랜드에 신임장 제정
- 1887년 주미전권공사 임명, 미국으로 출국
- 1881년 조사시찰단(신사유람단) 참여, 일본견학 시찰

"을사오적을 사형에 처하소서."

1905년 11월 17일 체결된 을사늑약의 무효와 역적인 조약체결 매국 대신 즉 을사오적의 사형을 상주했던 박정양(朴定陽·1841~1905)은 같은 달 생을 마쳤다.

1881년 신사유람단으로 일본을 다녀오는 등 개화에 눈을 뜨고 갑오개혁과 김홍집 내각에도 참여한 온건 개혁파로 근대화 정책으로 조선 개혁에 앞장섰다.

1887년 조선 첫 미국 대사로 파견돼 조선의 자주 독립국 승인을 요청했고, 미국은 조선을 청나라의 속국이 아닌 동등한 외교국가로 인정했다. 조선 주재 청나라군 최고사령관 원세개의 방해로 몰래 미국으로 가야만 했던 그는 워싱턴 부임 뒤 클리블랜드 대통령을 예방, 수행원들과 큰절을 해 화제가 됐다.

1905년 1월 6일 대한제국 때의 입법기관인 중추원(中樞院·일제 조선총독부 설치 친일 자문기관인 중추원과 다름) 의장에 임명되는 등 그는 1866년 문과 급제 이후 형조판서, 이조참판, 호조판서, 내각총리대신, 학부대신 등 여러 관직을 맡아 조선의 개화를 위해 노력했다. 이어 그해 9월 표훈원(表勳院 표창과 상훈 업무담당) 최고책임자인 총재(總裁)에 임명됐으나 건강문제와 과로로 11월 14일 그만두고 물러났다. 그의 문하생인 월남 이상재를 비롯, 서재필과 윤치호 등 개화파 인사들을 후원했다.

사후 순종 때 문익(文翼)이란 시호가 내려졌고 1984년 문집이 한글로 번역돼 발간됐다.

일본인의 배반에 일본공사 못 죽이고 순국한

백 정 기(白貞基)

1896년 1월 19일~1934년 6월 5일

- 1933년 상해 일본요인 습격계획 실패, 무기징역 선고
- 1931년 9월 한국 · 중국 · 일본 무정부주의자
  항일구국연맹 결성
- 1930년 자유혁명자연맹(自由革命者聯盟) 비밀결사 조직
- 1928년 일본상품 배격운동 지도
  동방무정부주의자연맹 한국대표 참석
- 1927년 중국 농촌 자치조직 활동
- 1925년 상해 총파업 참여, 노동자운동 전개
- 1924년 일본 동경잠입, 시설물 폭파계획
  북경 귀환
- 1923년 9월 무정부주의 영향
  중국의 이상적인 농촌사회 건설 참여
- 1920년 독립운동 군자금 조달차 국내잠입 활동중 구속
- 1919년 8월 인천의 일본군시설물 파괴계획 탄로로
  만주 봉천(奉天) 망명

"나의 구국 일념은 첫째, 강도 일제(日帝)로부터 주권과 독립을 쟁취함이요. 둘째는 전 세계 독재자를 타도하여 자유 평화 위에 세계 일가(一家)의 인류 공존을 이룩함이니 왜적 거두의 몰살은 나에게 맡겨 주시오."

1933년 3월 17일 상해의 요정 육삼정에서 친일 중국관리, 군인 등을 모아 연회를 열고 매수하려던 주중 일본공사 아리요시 아키라(有吉明)를 없애려던 '육삼정의거'(六三亭義擧)의 주인공인 무정부주의연맹원인 구파(鷗波) 백정기(白貞基 1896~1934)의 각오였다.

전북 정읍에서 태어나 경술국치(1910년) 조선 패망 이후 일제 타도에 나서 1919년 고향에서 3·1 만세운동에 앞장섰다. 이후 중국에서 영국인 무역상 죠오지 쇼우의 알선으로 봉천으로 갔다 의거 동지 이강훈(李康勳)을 만났다.

1920년 국내에 잠입, 독립자금 모금활동 중 붙잡혔다 탈출, 다시 중국 북경에서 단재 신채호 등을 만나 무정부주의 사상에 빠졌다.

1924년 일본 관동 대지진 때 조선인 대학살 만행을 목격하고 재중국 조선무정부주의연맹을 결성했고, 1931년 만주사변 뒤 항일 구국연맹을 조직, 항일투쟁과 친일파(親日派) 처단에도 나섰다.

그러다 항일 독립군 탄압을 위해 중국 정부 관리와 군인 등을 매수하려던 아리요시를 처단하려다 오히려 거사 직전 믿었던 일본인의 배반으로 실패했다. 무기징역을 선고받고 복역 중 39세로 옥중 순국했다. 일본에 묻힌 유해는 1946년 조국의 품에 안겼다. 1963년 건국훈장 독립장이 추서됐다.

잊혀진 유럽 활동의 대표 독립운동가
서 영 해(徐嶺海)

1902년 1월 13일~?

- **1949년** 부인 혼자 귀국

- **1948년 10월** 부인과 중국 상해 도착

- **1948년** 부산에서 결혼

- **1945년 3월 12일** 임시정부 주 프랑스 대표 선임

- **1944년** 임시정부 외무부 산하 주 프랑스 예정대사(豫定大使)

- **1935년** 임시정부 주 프랑스 외무행서(外務行署) 외교특파원

- **1929년** 파리 고려통신사 설립

- **1920년** 프랑스 입국, 독립운동

- **1919년** 3 · 1운동 참여, 상해 망명

'미국에 이승만이 있다면 유럽에는 서영해가 있다!'

탁월한 외교능력을 보인 파리 독립운동가 서영해(徐嶺海·1902~?)는 잊혀진 인물 신세다.

부산의 부유한 한의사 아들로 태어나 1919년 3·1운동에 가담했다가 중국으로 망명, 상해 대한민국 임시정부에 참여했다. 임정 외교담당 조소앙 등의 권유로 파리로 유학, 초·중·고교 과정을 마치고 1929년 고려통신사를 설립해 일제 만행을 폭로했다. 임정 파견 김규식과 함께 5개월간 파리에서 독립활동도 펼쳤다.

파리 활동 때 자신의 이야기를 바탕으로 한국 역사소설 '어느 한국인의 일생', 한국 민담을 모은 '거울, 불행의 원인 그리고 기타 한국 우화'란 책을 펴냈다.

1940년 독일의 프랑스 점령 땐 영국 런던에서 '자유프랑스'란 프랑스 망명정부 지지 활동에 동참했고, 1945년 3월 임정의 주프랑스 대표 선임 등으로 광복 때까지 외교로 항일 독립운동을 했다.

광복 뒤 귀국, 1948년 교사와 결혼했으나 이승만의 남한 단독정부 수립에 반발, 부인과 프랑스에 가려 상해에 도착한 뒤 행방이 묘연해졌다. 1948년 12월 1일 파리에서 프랑스 외무부 아시아·대양주 국장과 면담해 파리 코리아통신사 운영재개 지원문제, 파리 동양어학교 한국학 강좌신설 문제, 프랑스 대학 한국인 장학생 5명 파견 문제 등을 논의한 기록에 비춰 홀로 프랑스에 간 것으로 추정될 뿐 행적이 분명치 않다. 부인은 1949년 귀국, 남편을 기다리다 1989년 삶을 마쳤고 남편에겐 1995년 건국훈장 애국장이 추서됐다.

독립인재의 산실 역할한 봉황각 지은

손 병 희(孫秉熙)

1861년 4월 8일~1922년 5월 19일

- 1920년 10월 병보석 출옥
- 1920년 경성복심법원 징역 3년형 언도, 옥살이
- 1919년 3 · 1독립선언서 민족대표 33인으로 참여
- 1906년 귀국 후 배교자 출교처분
- 1905년 동학의 천도교 개칭 및 제3대 천도교 교주 취임
- 1904년 갑신개화혁신운동 추진, 단발지시
- 1901년 세계정세 파악차 일본방문
- 1897년 12월 제3세 동학 교조
- 1894년 동학혁명시 호서지방 중심 북접통령 임명
- 1882년 동학 입문, 동학 제2세 교조 최시형의 가르침 받음

천도교 제3대 교조 의암 손병희(1861~1922)는 고종 황제의 다섯째 아들 의친왕 이강(1877~1955)과 친해 자주 어울렸다. 일본의 조선 침략에 함께 분개했다. 1910년 한일 병탄 이후 의친왕은 상해 망명을 시도하다 일본군에 잡혀 실패, 울분을 삭이고 있었다.

의암은 "10년 안에 국권 회복을 하겠다"고 벼르고 있었다. 두 사람은 1911년 어느 봄 날 세상 이목을 피해 서울 우이동 골짜기에서 몰래 만나 빼앗긴 나라를 걱정했다. 그해 가을 의암은 천도교 간부들과 그 계곡을 다시 찾았다.

그리고 계곡 산림지대 일대 땅(2만7천946평)을 매입하도록 했다. 나라를 되찾기 위해선 독립 의지를 고취시킬 교육과 이를 위한 시설이 필요하다는 판단에서다.

1912년 3월 7일 시작한 공사는 그해 6월 18일 끝났다. 이튿날 낙성식을 갖고 '봉황각'(鳳凰閣)이라 명했다. 이후 봉황각에선 전국 천도교 고위 교역자 483명이 국권 회복을 위한 특별교육을 받았다.

이들은 뒷날 1919년 3·1 만세운동 때 전국 각지의 선봉이 됐다. 당시 천도교 전국 조직 동원이 가능했던 것은 의암의 앞선 혜안 덕이었다.

서울시는 이런 봉황각을 1969년 서울시향토문화재 제2호로 지정했다. 2012년은 봉황각 건립 100년 의미가 남다른 해였다.

총독처단에 실패하고 순국한

송 학 선(宋學先)

1897년 2월 19일~1927년 5월 19일

- 1927년 5월 20일 가족에 사형집행 통보
- 1927년 2월 3일 경성복심법원 상고심 기각, 사형 확정
- 1926년 11월 10일 사형 확정
- 1926년 4월 28일 창덕궁 순종 조문 일본인 탑승차량 습격
- 1926년 3월 사진관 양식칼(洋食刀) 입수, 의거연습
- 1925년 각기병 완치
- 1922년 2월 가족 합류
- 1916년 일본인 경영 농기구회사 취업
- 1913년 부친의 조선인쇄소(朝鮮印刷所) 취직
- 1909년 서대문공립보통학교1년 재학 중 이산가족

"나는 주의자도 사상가도 아니다. 다만 우리나라를 강탈하고 우리 민족을 압박하는 놈들은 백번 죽어도 마땅하다는 것만은 잘 알고 있다. 총독을 못 죽인 것이 저승에 가서도 한이 되겠다."

1926년 7월 '금호문(金虎門) 사건'으로 재판받던 송학선(宋學先·1897~1927)은 당당했다.

서울에서 태어나 1909년 아버지의 사업 실패로 차별을 견디며 일본인 업체에 취직하는 등 집안 살림을 거들었다. 어릴 때 조선 침략 원흉 이토 히로부미를 죽인 안중근 의사 사진을 보며 흠모했던 그는 이런 차별, 뒷날의 해고 등으로 더욱 반일 사상을 다졌다. 안 의사 같은 거사를 위해 조선총독 사이토 마코토를 처단 대상으로 삼았다. 총독 제거로 독립 의지를 널리 알리고 일제의 조선 억압에 대한 항쟁을 떨치려 했다.

총독 사진으로 얼굴을 익히고 처단 연습 등 치밀한 준비 뒤 1926년 4월 26일 순종황제 붕어로 빈소가 창경궁에 마련되자 총독 제거 계획을 짰다. 총독이 빈소 출입문인 창덕궁 서남문 즉 금호문에 나타날 것으로 보고 지켰다.

마침내 28일 조문 뒤 나오는 총독이 탄 것으로 생각되는 차량을 습격, 품 속 칼로 찌르고 피하다 격투 끝에 체포됐다.

그러나 찔린 사람은 총독을 닮은 일본인이었고 사망 2명, 부상 2명에도 총독 처단엔 실패했다.

재판에서 1927년 2월 3일 사형이 확정돼 5월 형장의 이슬로 서른 살의 삶을 마감했다. 1962년 건국훈장 독립장이 추서됐다.

민족사관 정립하고 항일투쟁으로 생을 마친
신 채 호(申采浩)

1880년 11월 7일~1936년 2월 21일

- **1928년 5월** 독립자금모금 연루 체포
- **1926년** 재중국조선무정부주의자연맹
- **1924년** '조선상고사' 집필
- **1923년** 의열단 '조선혁명선언' 작성
- **1920년 9월** 군사통일촉성회(軍事統一促成會) 조직
- **1919년** 상해 임시정부 수립 참가, 대한독립청년단 단장
- **1911년** 권업회 조직, 주필
- **1907년** 신민회 창립위원
- **1906년** 대한매일신보 논설기자
- **1907년** 신민회 가입

"우리 조선은…석가가 들어오면 조선의 석가가 되지 않고 석가의 조선이 되며, 공자가 들어오면 조선의 공자가 되지 않고 공자의 조선이 되며, 주의가 들어와도 조선의 주의가 되지 않고 주의의 조선이 되려 한다… 도덕과 주의를 위하는 조선은 있고 조선을 위하는 도덕과 주의는 없다. 아! 이것이 조선의 특색이냐? 특색이라면 노예의 특색이다. 나는 조선의 도덕과 조선의 주의를 위해 통곡하려 한다."('낭객의 신년만필' 중에서, 1925년)

단재(丹齋) 신채호(申采浩)는 1880년 12월 8일 태어나 한학을 공부하다 개화사상과 민족주의적 세계관에 눈을 떠 독립협회와 만민공동회 활동으로 구속됐고 신교육과 계몽운동을 벌였다.

1905년 황성신문 논설기자로 입사했고, 1906년엔 대한매일신보 논설진에 합류해 언론을 통한 애국 계몽활동을 했다. 1910년 망명 전까지 일제 침략과 친일 매국노 규탄 및 국권회복을 외쳤다.

춘원 이광수는 "풍채가 초라한 샌님이나 이상한 눈빛을 갖고 있었다. 세수할 때 고개를 빳빳이 든 채로 물을 찍어다 바르는 버릇 때문에 마룻바닥, 저고리 소매와 바지 가랑이가 온통 물투성이가 됐다… 남의 말을 듣고 소신을 고치는 인물은 아니었다"고 적었다. 민족역사 연구에 몰입해 중화(中華)주의, 일제식민(植民)주의 사관에 맞서 민족주의 사관을 정립했고 역사를 '아(我)와 비아(非我)의 투쟁'이라 규정했다. 1919년 상해 임시정부 수립에 참가했으나 이승만과의 갈등으로 결별, 무장투쟁노선을 지향했다. 1928년 잡혀 10년형의 여순옥살이 중 1936년 순국, 1962년 건국훈장 대통령장이 추서됐다.

종교가에서 독립운동가로 변신한

신 홍 식(申洪植)

1872년 3월 1일~1939년 3월 18일

- **2006년 3월** 독립운동가 선정
- **1935년** 목회 일선 은퇴
- **1929년** 원주지방 감리사
- **1927년** 감리교회 감리사
- **1922년** 만기 출옥
- **1920년** 경성복심법원, 2년형 선고로 서대문형무소 옥살이
- **1919년** 3·1독립만세운동 민족대표 33인으로 참여
- **1917년** 평양남산현교회(平壤南山峴敎會) 전임
- **1915년** 공주읍교회 담임목사, 포교활동
- **1913년** 협성신학교(協成神學校) 졸업, 감리교 목사

3월과 인연 깊은 인물이 있다.

신앙으로 민족독립운동에 나섰고 신앙의 힘으로 버티며 조국을 구해내려 했던 동오(東吾) 신홍식(申洪植). 1872년 3월 1일 태어나 1919년 3월 1일 민족대표 33인의 한 사람으로 만세운동에 주도적으로 참여했다. 이 때문에 경성감옥(현 서대문형무소)에 투옥돼 2년을 고생했고 1939년 3월18일 숨을 거뒀다. 2006년 그는 '3월의 독립운동가'로 선정했다.

충북 청주군 문의면 문사리가 고향인 그는 젊어서 과거시험에 매달렸고 생활고에 시달렸다. 그러다 1904년 기독교를 접하면서 신앙 생활을 시작했다.

그는 전도사로서 목회생활에 이어 신학교 입학과 졸업, 목사활동으로 지도력을 발휘하며 일제 지배에 신음하는 조국을 구하기 위해 민족운동가로서 변신해 갔다.

3·1운동에 참여한 뒤 옥고를 치르고 출옥한 뒤에도 목회활동을 계속했고 1925년엔 조선독립을 꾀하는 민족주의 계열의 단체인 흥업구락부에도 가입, 활동하느라 곤욕을 치르기도 했다. 또 흥업구락부 일부 회원 및 '기독신보' 계열의 개혁적 인물과 함께 '적극신앙당'이란 단체를 만들었다.

적극신앙운동을 벌이면서 실제로는 독립을 위한 실력을 기르고 인재를 키우고 훈련할 목적의 민족운동의 일환이었던 셈이다. 하지만 큰 뜻을 펴기도 전에 병마에 시달리다 생을 마쳤다. 정부에서는 그의 공로를 기려 1962년 건국훈장 대통령장을 추서하였다.

일제탄압 저항 속 농민문학 선구자 된

심 훈(沈熏)

1901년 9월 12일~1936년 9월 16일

- **1935년** 장편소설 '상록수(常綠樹)' 공모당선
- **1933년 8월** 조선중앙일보 학예부 부장
- **1932년** 고향 충남 당진 낙향, 집필 전념
- **1931년** 경성방송국 문예담당
- **1928~1931년** 조선일보 기자
- **1924~1926년** 동아일보 사회부 기자
- **1923년** 귀국, 연극 · 영화 · 소설집필 몰두
- **1921년** 항저우(杭州) 치장대학(之江大學) 입학
- **1919년** 3 · 1운동 가담, 투옥 퇴학
- **1915년** 경성제일고등보통학교 입학

"어머님께서는 조금도 저를 위하여 근심치 마십시오. 지금 조선에는 우리 어머님 같으신 어머니가 몇천 분이요, 몇만 분이나 계시지 않습니까?… 저는 어머님보다도 더 크신 어머님을 위하여 한 몸을 바치려는 영광스러운 이 땅의 사나이외다."

본명(대섭)보다 필명(훈)이 더 유명한 심훈(1901~1936)은 3남 1녀의 막내였다. 1915년 교동보통학교 졸업 뒤 독립운동가 이범석, 공산주의자 박헌영 등 수재가 다니던 경성고보에 들어갔다.

3·1만세운동(1919년)때 앞장섰다 잡혀 그해 11월 징역 6월 집행유예 3년으로 석방됐지만 8개월쯤 옥고를 치른 뒤였다. 어머니를 위로하는 옥중편지는 그때 썼다.

출옥 후 중국으로 망명, 무장투쟁론의 신채호 이회영 등 독립운동가를 만나 독립 의지를 불태웠고, 항주 지강대학을 다니다 1923년 귀국, 잠시 언론생활을 했다.

1926년 순종 붕어(崩御) 땐 '통곡 속에서'란 그의 시는 6·10만세운동의 기폭제가 됐다. 1932년 항일 저항문학의 최고 금자탑인 시 '그날이 오면'을 지었다.

"그날이 오면 그날이 오면/삼각산이 일어나 더덩실 춤이라도 추고/ //그날이 와서, 오오 그날이 와서/ /그 자리에 거꾸러져도 눈을 감겠소이다."

고향(당진)에서 1935년 농촌계몽소설 '상록수'로 농민문학의 길을 열었고, 단행본 출판일로 서울생활 중 장티푸스로 1936년 9월 16일 요절(36세)했다. 2000년 건국훈장 애국장이 추서됐다.

독립운동 나선 한국 첫 비행사

안 창 남(安昌男)

1900년 3월 19일~1930년 4월 2일

- **1929년** 비행대 설립위한 자금 제공
- **1926년** 독립운동단체 대한독립공명단(大韓獨立共鳴團) 가입
- **1924년** 비행기술로 독립운동 활동 위해 중국 망명
- **1923년 7월** 1등 비행사 자격 획득
- **1922년** 도쿄-오사카 왕복 우편비행 시합 우수상
  서울상공 비행
- **1921년 5월** 일본 민간비행사 시험 공동 1등 합격
- **1920년 12월** 개벽(開闢) 12월호에 안창남 소개 글
- **1920년 8월** 도쿄 오쿠리(小栗) 비행학교 입학, 석달 만 졸업
- **1919년 8월** 도쿄 아카바네(赤羽) 비행기 제작소
  기계부 비행조정 공부
- **1917년 9월** 미국인 아트 스미스의 곡예비행 구경,
  비행기 조종사 결심

"떴다 보아라 안창남의 비행기, 내려다보니 엄복동의 자전거, 간다 못 간다 얼마나 울었나, 정거장 마당이 한강수 되었네…."

1920년대 노래 '청춘가'를 개사한 '안창남 비행기'로 한국인 최초 비행사 안창남(安昌男·1900~1930) 때문에 생겼고 유행했다.

그는 비행사가 되려고 1918년 일본으로 건너가 오사카 자동차 학교와 오쿠리 비행학교를 졸업하고 1921년 비행사 시험에 합격했다. 그는 도쿄~오사카 운항 우편 비행기 조종사가 된 이후 1922년 12월 10일 고국방문 비행을 하고 온 국민을 열광케 했다.

그는 1인승 단발쌍엽 금강호를 타고 서울 여의도 상공을 돌며 곡예비행을 하는 최초의 역사적 비행으로 5만여 인파의 열렬한 환영을 받았다.

일제의 지배 아래 암울했던 당시 우리 민족에게 그는 큰 자부심이자 희망이었다. 역사적인 첫 비행으로 국민의 뜨거운 관심을 받았던 그는 당시 자전거 경기에서 잇따라 일본 선수를 물리쳤던 사나이 엄복동(嚴福童)과 함께 국민적 영웅이었다.

그의 성공적인 비행 이후에 퍼진 이 노래는 국민 애창곡의 하나가 됐다. 그는 조국 독립운동 참여를 위해 1924년 망명, 중국 베이징의 '조선청년동맹'에 가입했고, 1929년 비행학교 설립도 추진했다.

국내 파견 요원에 독립운동 자금을 주는 등 조국독립을 염원하다 비행훈련 교육 중 추락, 생을 마쳤다.

독립운동으로 드물게 빛을 본

안 춘 생(安椿生)

1912년 8월 12일~2011년 1월 26일

- **1973년** 제9대 국회의, 제5대 광복회장

- **1949년** 육군사관학교 8기 졸업

- **1945년** 8 · 15광복 후 광복군 주 남경(南京)지대장

- **1942년 4월** 광복군 제2지대 제1구대장 임명

- **1941년** 광복군 제1지대 간부 배속

- **1940년 10월** 한국광복군(韓國光復軍) 편입

- **1939년 10월** 중국군 육군소령

- **1938년** 중국군 육군대위, 임시정부 지령으로 상해 폭탄 운반

- **1936년** 중국 중앙육군군관학교 졸업
  중국군 제2사단 배속 대일전 참전

- **1917년** 가족과 만주 망명

일본의 영웅 이토 히로부미(伊藤博文)를 저격, 세상에 대한 남아의 기개를 보여준 안중근(安重根) 의사의 일가족은 가히 대한민국 독립운동의 명가로 손꼽힌다.

모두 40여 명이 조국의 독립운동에 목숨을 내걸었다. 정부가 그 공로를 기려 추서한 훈장을 받은 사람만 11명에 이른다.

100세까지 수(壽)를 누리며 드물게 빛을 본 인물 안춘생(安椿生·1912~2011)도 이 집안 출신이다.

황해도 벽성(碧城)에서 1912년 8월 12일 태어났다. 그는 안중근의 종질(從姪·5촌 조카)로 1909년 안중근의 하얼빈 이토 히로부미 저격 사건 이후 일제 탄압을 피해 1917년 만주로 가족과 함께 망명했다.

헤이룽장성(黑龍江省)에서 중학교를 졸업하고 일제 만주 침략의 본격화로 난징(南京)에 가서 군관학교에서 군사학을 배웠다.

1936년 졸업 뒤 중국군에 배속돼 대일전에 뛰어들어 전공을 세웠고 대한민국 임시정부의 지령을 수행하기도 했다.

그 뒤 1940년 한국광복군(韓國光復軍)에 들어가 활동하다 1945년 광복과 함께 귀국, 육사에 들어가 1949년 졸업해 6·25남침전쟁을 거쳐 1961년 중장으로 예편, 새 생활을 시작했다.

1973년엔 국회의원(9대)을 지냈고 광복회장(5대)과 독립기념관 건립위원회 위원장 등을 지내 독립운동가로 드물게 빛을 봤다.

1963년 건국훈장 독립장, 1976년 국민훈장 동백장, 1987년 국민훈장 무궁화장을 받았다.

친일파 민원식 처단한

양 근 환(梁槿煥)

1894년 5월 9일~1950년 9월 15일

- 1950년 6·25전쟁 중 북한군에 납치
- 1945년 광복 후 '혁신탐정사' 조직, 반공투쟁
- 1933년 2월 11일 석방, 12년 옥살이
- 1922년 5월 4일 동경공소원 무기징역 확정
- 1921년 2월 24일 상해탈출 직전 체포, 6월 무기징역 선고
- 1921년 2월 16일 친일파 국민협회 회장(조선총독부중추원 부참의)
  민원식 처단
- 1919년 3·1만세시위운동 참여, 9월 일본 도쿄 유학
- 1916년 일본 유학, 일본대학 정치과 입학
- 1914년 서울의 공업전습소(工業傳習所) 졸업
- 1911년 배천 동명학교(東明學校) 졸업

"일본 사람은 조선 사람 중에는 조선독립을 찬성하는 사람도 있고 불찬성하는 사람도 있는 줄로 생각하지마는, 어찌 그럴 리가 있으랴. 조국의 독립은 누구든지 희망하는 것이다."

황해도의 천도교인 양근환(梁槿煥·1894~1950)은 패망한 조국의 독립을 위해 남다른 고민을 했다. 학창시절 일본인과 다퉈 50일간 경찰 구류도 살았다.

1919년 3·1운동이 일어나자 만세시위에 동참했으나 무자비한 탄압이 계속되자 도쿄로 유학, 힘든 고학생활을 하다 학업을 포기했다. 일본 여자와 결혼, 딸 둘도 낳았지만, 항일 의지는 식지 않았다.

마침 도쿄에서 친일조직인 국민협회 민원식 회장 처단에 나섰다. 뛰어난 처세술과 친일 매국 행위로 군수까지 지낸 민 회장은 총독부를 업고 조선인의 일제 신민화에 앞장섰다.

일본에서도 친일 매국행위를 획책했다. 양근환은 1921년 3월 그가 머문 호텔로 찾아가 비수로 배를 찔러 처단하고 상해로 탈출하려다 붙잡혔다.

재판 내내 꿋꿋했다. 재판 도중 젊은 일본 여성이 "의로운 사람 양근환을 죽이는 것은 일본의 수치다. 유죄 판결에 절대 반대한다"며 항의도 했다. 사형 구형에 무기징역이 선고됐다.

1922년 5월 13일 상고를 취하, 복역해 12년 감옥살이 후 1933년 석방됐으나 감시 통제 속에 살다 광복을 맞았다.

그러나 곧 터진 6·25전쟁 때 서울서 북한군에 납치돼 처형됐다. 정부는 1980년 건국훈장 독립장을 추서했다.

조선혁명당군 총사령

양 세 봉(梁世奉)

1896년 6월 5일~1934년 8월 12일

- **1933년** 홍경 진주령(珍珠嶺), 노구대(老溝臺),
  쾌대무자(快大茂子) 전투, 연전연승
- **1932년** 조선혁명군 총사령
  한중연합작전으로 대일(對日) 영릉가(永陵街) 전투 대승
- **1929년** 국민부 제1중대장. 조선혁명당 조선혁명군 부사령
- **1928년 5월** 전민족유일당조직회의(全民族唯一黨 組織會議)
  정의부 대표로 참석
- **1924년 5월** 조선총독 사이토 마코토의 국경시찰 저격사건 지휘
- **1923년 8월** 참의부 소대장
- **1922년 8월** 대한통의부 소속 활동
- **1922년** 독립단 소속 지방공작원, 독립운동 지원활동
  독립단체 천마산대 가입
- **1919년** 중국에서 만세시위운동 주도
- **1917년** 가족과 중국 망명, 소작농생활

"친애하는 동지들, 이번 전투는 동포 동지들의 생사를 담판하는 결전입니다. 나를 따라 생명을 각오하는 동지들은 손을 들어주십시오(…). 조국광복군과 동만 백만동포들의 생명을 두 어깨에 짊어진 우리는 일당백의 용감한 정신과 아울러 이번 전투에 승리의 믿음을 선포합니다."

무장 항일 운동을 벌이다 일본 경찰이 심어놓은 밀정(密偵) 박창해(朴昌海)에 속아 일본군에 포위돼 전투 끝에 삶을 마감한 조선혁명당군 총사령 양세봉(梁世奉·1896~1934)이 1932년 한 전투에 나서면서 한 말이다.

1909년 10월 안중근 의사가 하얼빈에서 침략 원흉 이토 히로부미를 저격, 처단하는 데 고무됐던 그는 조선을 떠나 1917년 가족과 중국으로 가 소작농으로 생계를 이어갔다.

1919년 3·1운동이 일어나자 중국에서 만세시위를 주도했다. 1922년부터 항일 조직인 독립단과 무장 항일부대인 천마산대에서 항일 활동을 계속했다. 1929년 조선혁명군 소속이 된 뒤 1931년 총사령에 올랐다.

1932년 일본군이 만주사변을 일으키자 중국의용군과 한중연합군을 편성, 3월 11일 일본군 점령의 영릉가성(永陵街城)을 공격해 일본군을 대파, 승리했다.

이듬해 흥경(興京) 전투에서도 일군을 격퇴하는 등 연전연승했으나 1934년 밀정의 계략에 빠져 결국 목숨을 잃었다. 정부는 1962년 건국훈장 독립장을 추서했다.

33인 민족대표 중 옥중순국한 천도교인

양 한 묵(梁漢默)

1862년 4월 29일~1919년 5월 26일

- 1919년 3월 1일 민족대표 33인. 독립선언식 참여,
  체포 서대문감옥 수감
- 1910년 4월 14일 증거불충분 석방
- 1909년 12월 22일 이완용 저격미수 사건연루 체포
- 1908~1910년 천도교 현기사장
- 1908년 호남학회 임시회장
- 1905년 5월 헌정연구회(憲政研究會) 조직 참여
- 1904년 동학 입교, 공진회 참여
- 1902년 동학 교주 손병희 면담
- 1897~1898년 중국 북경 · 천진 · 산동, 일본 방문
- 1895년 11~1896년 7월 고향 능주에서 세무관 활동

"피고는 조선이 독립될 줄 아는가?" "독립을 계획하는 것은 조선인의 의무라고 생각했다." "금후도 또 독립운동을 할 것인가?" "지금 강화회의에서도 민족자결이 제창됨으로써 일본정부의 원조로 자립할 것이라고 생각하여 금번의 독립운동을 한 것이고, 금후도 기회만 있다면 할 생각이다. 나는 야심이 있어서 한 것이 아니고 독립으로써 조국이 부흥된다면 대단히 좋겠다고 생각하고 나의 직책인 천도교의 포교에 종사할 것이다."

독립선언 민족대표 33인의 한 사람인 천도교인 양한묵(梁漢默·1862~1919)은 전남 해남에서 태어났다.

어머니에게 천자문을 배우는 등 유학을 공부했고 동학혁명(1894년)이 일어나고 잠깐 관리생활을 하다 세계정세 파악차 1898년 일본에 갔다가 동학 교주 손병희를 만나 동학에 입교했다.

귀국 뒤 보안회, 공진회 등 사회단체에서 활동했고 1905년 5월 입헌군주제 추진과 계몽운동을 위한 헌정연구회 설립에도 참여했다. 또 1909년 12월 매국노 이완용을 저격하려다 실패한 이재명(李在明)사건 연루로 옥고를 치르다 1910년 4월 14일 석방됐고 3·1운동에 참가했다 체포됐다. 면회 온 아들에겐 "몸과 마음이 편안하니 근심하지 말라"며 가족들을 안심시키는 쪽지를 전했지만 가혹한 고문으로 결국 1919년 5월 감옥서 삶을 마쳐 33인 대표 중 유일한 옥중 순국자가 됐다.

1962년 건국훈장 대통령장이 추서됐다. 광주보훈청은 지난해 3월 '3월의 나라 사랑 인물'로 뽑았다.

대구감옥에서 순국한 의병장
오 성 술 (吳成述)

1884년 5월 15일~1910년 9월 15일

- 1910년 7월 16일 대구공소원 공소기각, 사형 확정
- 1910년 6월 17일 광주지방재판소의 교수형 선고
- 1909년 11월 30일 광주지방재판소의 징역 15년형 선고
- 1909년 8월 일본 헌병대와 전투 중 체포, 헌병대 감금
- 1909년 1월 1일 일본 헌병분파소 공격 승리
- 1908년 7월~10월 일본군과 전투 승리
- 1907년 9월 연합의진 호남창의회맹소 참여,
  의병장 막료활동
- 1907년 2월 구국의병항쟁 격문발송, 의병대장 활동
- 1906년 1월 최익현의 창의호소 강의 참석, 최익현 면담
- 1905년 7월 종9품 충의참봉 제수

나라를 침탈한 일제에 맞서 고향 호남에서 의병장으로 활동한 오성술(吳成述·1884~1910)은 나라 위한 일이 죄가 돼 27세에 타향 대구에서 삶을 마쳤다.

그는 1905년 7월 21세에 참봉을 제수받았으나 일제가 을사늑약으로 나라 삼킬 야욕을 노골화하자 의병이 됐다.

"내 평생 시름 없는 사람이라 자위했건만/ 나라의 운명이 어려워져 그 걱정 뿐이네…/ 붓을 내던지니 오직 백성 시중들 생각만 하네 / 세상살이에 마음 속 일을 알기 어렵지만/ 분노 그밖에 다시 무엇을 구하겠는가."

그의 시처럼 나라 걱정에 분노했고 그냥 있을 수 없었다. 1908년 의병장으로 전남 담양서 일본군 지휘관을 사살했고, 군자금 마련을 위해 광주의 일본인 집을 습격해 3명을 죽였다. 나주에선 조선인 밀정을 없앴다.

1907년 이래 3년 동안 광주·나주·담양·함평·고창 일대에서 항일 의병투쟁을 이끌었다. 그러나 1909년 8월 일본군 헌병 '폭도토벌대'에 결사 항전하다 잡혔다.

사법권을 뺏은 일제는 그해 11월 강도죄로 징역 15년을 언도했다가 다시 살인 등을 추가, 1910년 6월 교수형을 내렸다. 가족의 항소를 대구공소원은 그해 7월 16일 기각했다.

전남 광주서 태어난 그는 그해 9월 15일 대구감옥에서 꽃다운 나이로 순국했다. 정부는 1977년 건국훈장 독립장을 추서했다.

대구에서 생을 마친 천도교 만세보 사장

오 세 창(吳世昌)

1864년 7월 15일~1953년 4월 16일

- **1950년** 6 · 25전쟁으로 대구 피신

- **1946년** 반탁운동 참여

- **1930년대** 천도교 신구파의 친일노선 불참

- **1921년 12월 22일** 가출옥

- **1919년** 3 · 1운동 참여, 3년 옥살이

- **1907년** 대한협회 결성참여, 부회장 활동

- **1906년** 귀국, 천도교 기관지 만세보발간 만세보사 사장

- **1902년** 쿠데타 연루혐의로 일본 망명, 손병희와 인연

- **1897년** 일본 문부성 초청 동경외국어학교 조선어교사

- **1880년** 사역원 관료생활 시작

"신문이란 지식을 계발하는 하나의 교육기관일 뿐만 아니라 국제 간의 평화를 유지할 수도 있고 전쟁을 도발할 수도 있으며 정치를 지도할 수도 있을 만큼 여론에 미치는 영향력이 지대하다."

민족종교 천도교는 국운이 다해가던 조선 왕조 말 2천만 조선인의 교육과 지식계발을 위해 인쇄시설을 갖추고 천도교 교주 손병희(孫秉熙)의 발의로 1906년 6월 17일 천도교 기관지인 '만세보'(萬歲報)라는 일간신문을 창간, 발행했다.

한자를 모르는 독자들을 위해 국한문 혼용과 함께 한자 옆에 한글로 음을 달기도 했다. 고종 황제도 자신이 쓸 수 있는 궁중의 돈(내탕금)으로 지원을 했다.

사장은 1919년 3·1만세운동 때 33인 민족대표의 한 사람으로 참여하는 독립운동가 오세창(吳世昌·1864~1953)이 맡았다.

그는 역관 출신 집안의 아들로 태어나 역관이 됐다가 후일 '한성순보'의 기자로도 활약했고 정부 관료생활을 했던 개화적인 입장의 인물이었다. 친일파 공격에 앞장섰던 만세보가 1907년 6월 29일 제293호로 종간호를 내고 문을 닫고 1909년 '대한민보'가 창간하자 다시 사장을 맡았다.

광복 후엔 매일신보사와 서울신문사 명예사장이 되는 등 언론과의 인연을 이어갔다.

그는 북한의 6·25 남침전쟁 중 대구에 피란왔다 생을 마쳤고 장례는 사회장(社會葬)으로 치러졌다. 정부는 1962년 대한민국 건국공로훈장 복장(複章)을 수여했다.

- 1946년 2월 15일 고산남의진순절제공위령제 거행
- 1945년 10월 1일 광복회 재건
- 1937년 석방
- 1920년 조선독립 위한 주비단 조직
  독립자금모금활동 체포, 무기징역
- 1918년 8월 친일파 처단사건 이후 해외 망명
- 1915년 광복회 결성 참여(7월15일)
  경북우편마차암습사건 주도(12월)
- 1911년 한일합방 은사령 출옥
- 1908년 산남의진 의병활동 중 체포, 종신형 선고
- 1907년 군대해산 반대 탈영, 정용기 산남의병진 합류
- 1902년 대한제국 대구부 진위대 입대

대구의 대한광복회 의사
우 재 룡 (禹在龍)
1884년 1월 3일~1955년 3월 3일

- 2003년 7월 독립운동가 선정
- 1963년 건국훈장 독립장
- 1921년 7월 9일 서울서대문형무소 사형집행,
  순국
- 1920년 3월 1일 사형선고 상고 기각, 사형 확정
- 1918년 상해 망명 계획 중 체포
- 1917년 군자금모집 거절
  칠곡부호 장승원(張承遠) 사살
- 1916년 광복단 개칭,
  군자금모집과 친일반역자 처단활동
- 1915년 7월 15일 대한광복회 조직 참여
- 1913년 비밀결사 풍기광복단 조직 참여

대구의 대한광복회 의사
채 기 중 (蔡基中)
1873년 7월 7일~1921년 7월 9일

"무력으로 독립을 이루자."

1910년 조선 패망 후 무력으로 일제와 전쟁을 치러서라도 나라를 되찾기 위한 조직이 1915년 7월 15일 대구에서 결성됐다. 1910년대 대표적 무장투쟁 독립단체인 대한광복회(大韓光復會)이다.

광복회는 1913년 경북 풍기에서 만들어진 대한광복단(大韓光復團)과 1915년 1월 대구(달성)에서 시작된 조선국권회복단(朝鮮國權回復團)이 중심이 돼 창립됐다.

주축인물은 대구경북 독립투사인 박상진(朴尚鎭), 우재룡(禹在龍·사진 위), 채기중(蔡基中·사진 아래), 강필순(姜順弼), 양제안(梁濟安), 권영만(權寧萬) 등으로 전국에 지부를 두었다. 만주에도 조직을 설치했는데 청산리 대첩으로 유명한 김좌진(金佐鎭) 장군도 만주조직을 맡아 활동했다. 전체 지휘는 박상진 총사령이 맡았다.

이들의 주요활동은 우선 독립전쟁을 치르기 위한 군자금 마련이었다. 일제가 거둔 세금의 탈취나 일본인 소유 금광 수송마차 공격, 화폐 위조를 통한 자금 조달은 고육지책이었다.

부호들의 협조가 제대로 이뤄지지 않아 이들은 전 경상관찰사 장승원(張承遠) 살해 등 친일세력 처단에도 나섰다.

일제탄압으로 1918년 조직이 크게 와해되고 총사령 박상진, 채기중 등이 붙잡혀 순국하는 등 타격이 커 활동이 위축됐다.

정부는 1963년 박상진, 우재룡, 채기중, 강필순, 권영만에게 각각 건국훈장 독립장을, 양제안에겐 1990년 건국훈장 애국장을 추서했다.

교육자, 목회자, 독립운동가
유 여 대 (劉如大)

1878년 11월 26일~1937년 1월 13일

- **1935년** 기초상식 교육서 '면무식(免無識)' 저술
- **1934년** '위인기담(偉人奇談)' 저술
- **1931년** 백마교회 목사
- **1920년** 경상복심법원 2년형 선고, 서대문 형무소 옥고
- **1919년** 민족대표 33인 참여, 의주 만세운동으로 체포
- **1914년** 평양신학교 졸업, 목사 안수
- **1909년** 장로교의 평양신학교 입학
- **1904년** 의주서교회당 미국선교사 위대모(魏大模)목사 세례
- **1901년** 의주에서 양실학교(養實學校) 설립
- **1898년** 선교사 통해 개신교 입교

"어찌하여 일본의 주권을 이탈하고 조선을 독립시키려고 희망하는가." "조선민족이 자유롭게 발달할 수 있도록 하기 위하여 독립을 희망한다." "일본 제국신민이 되어 있는 편이 자유의 발달을 이루는 것이 아닌가." "나는 독립하지 않으면 발달하지 못한다고 생각하고 있다."

1919년 3월 1일 평안북도 의주읍에서 독립선언서를 낭독하며 만세운동을 주도하다 붙잡힌 민족대표 33인의 한 사람인 유여대(劉如大·1878~1937) 목사가 재판에서 일본인 판사와 나눈 신문조서 내용이다. 어려서 한학을 공부, 훈장으로 활동하다 기독교로 개종해 의주지역 첫 신교육 기관인 일신(日新)학교를 설립, 한문교사가 됐다.

1907년 의주읍 동(東)교회 영수와 장로가 됐고 1909년 평양신학교에 들어가 신학을 공부, 목사 안수를 받았다. 1919년 2월 독립운동가 이승훈, 양전백과 만난 것을 계기로 3·1 민족대표로 활동했고 서울 만세운동 참여 대신 의주에서 독립선언식을 주도, 2년 옥고를 치르고 나와 목회 및 육영사업 활동에 나섰다.

출옥 뒤 왕성한 활동을 언론은 "선생은 장로파 목사라 아마 정년이 되시도록 그 예배당에서 그곳 사람을 교화하시기에 진력을 하시겠지오. 아직도 오십 전이라 선생의 정력은 갈수록 더하리라고들 합니다"라고 전했다. 교육자로, 목회자로서 독립운동에 투신했으나 건강이 좋지 못해 1937년 1월 13일 생을 마쳤다. 1962년 건국훈장 대통령장이 추서됐고 2003년 3월의 독립운동가로 뽑혔다.

고종에게 망명정부 수립 요청
유 인 석(柳麟錫)
1842년 1월 27일~1915년 1월 29일

- 1914년 3월 서간도 망명정착
- 1913년 2월 '우주문답' 저술, 간행
- 1910년 연해주지역 13도의군 도총재,
  성명회 회장
- 1908년 7월 부산항 출발, 블라디보스토크 망명
- 1905년~1908년 일제 대항, 의병항쟁 격문 독려
- 1900년 7월 중국서 귀국
- 1897년 고종황제 소명, 일시 귀국 후 중국 재입국
- 1896년 8월~9월 압록강 도강,
  중국의 무장해제 요구로 의병 해산
- 1895년 충북 제천 거의,
  호좌의병진 의병장으로 활동
- 1876년 강화도조약체결반대
  복합유생척화소 상소 참여

고종에게 망명정부 수립 요청
이 상 설(李相卨)
1870년 12월 7일~1917년 3월 2일

- 1915년 3월 신한혁명당 결성, 본부장 담당
- 1914년 국외 최초 망명정부 대한광복군정부 참여
- 1911년 권업회 회장
- 1910년 13도의군 참여, 성명회 설립 참여
- 1908년 미국 애국동지대표회 참석
- 1907년 네덜란드 헤이그 만국평화회의 참석
- 1906년 중국 망명. 서전서숙
- 1905년 의정부 참찬, 을사보호조약 체결반대 활동
- 1904년 일본의 황무지 개척권 요구 반대 상소
- 1894년 조선조 마지막 과거(갑오문과) 급제

"13도 의군의 편성은 국권 회복 계획에서 나왔습니다. 군비가 부족하므로 내탕금(內帑金·왕실의 금고)에서 군자금을 보내주십시오."

1910년 6월 러시아 연해주에선 항일 조직체인 '13도의군'(十三道義軍)이 편성됐다. 오랫동안 의병활동을 펼쳤던 의암(毅菴) 유인석(柳麟錫·1842~1915·사진 위)이 도총재를 맡았다.

1907년 네덜란드 헤이그에서 조선 독립 외교활동을 펼쳤던 보재(溥齋) 이상설(李相卨·1870~1917·사진 아래)은 외교통신원 책임자가 됐다.

이들은 그해 7월 28일 고종 임금에게 지원을 호소하는 상소를 올렸다. 그러나 13도의군이 무력 항일 전투를 벌이기도 전인 그해 8월 조선은 망하고 말았다.

의암은 강화도 불평등조약 체결 반대 상소와 1895년 을미의병 활동 등을 통해 일제에 맞서 온몸을 던졌다. 을미의병 실패 후 중국과 국내를 오가며 항일 투쟁했고, 1908년 (67세) 연해주로 망명했다가 74세로 이역에서 생을 마감했다.

보재는 조선 마지막 과거(1894년)에 급제, 관계에 잠시 몸담았다가 항일 활동을 펼쳤다. 일제의 황무지 개척권 요구를 좌절시키고 을사늑약 반대투쟁, 헤이그 특사의 정사(正使)로 파견돼 독립을 호소했다.

의암과 연해주에서 독립운동에 매진하다 건강 악화로 48세로 순국했다. 두 사람에겐 1962년 건국훈장 대통령장이 추서됐다.

미국에서 독립운동하다 고국에서 순직한

윤 병 구(尹炳求)

?~1949년 6월 20일

- 1949년 3월 14일 46년만의 조국 귀국

- 1945년 4월 국제연합결성 참가 임시정부 대표 선발

- 1943년 1월 한족출정군인친족회 결성

- 1920년 대한인국민회 중앙총회장 재선

- 1919년 4월 연합국 강화회의 참가 대표지명

- 1912년 11월 대한인국민회(大韓人國民會) 중앙총회장 당선

- 1908년 7월 미국 민주당전당대회 참석,
  한국독립 지지여론 조성노력

- 1905년 7월 포츠머스강화회의 참가 한국대표 선발,
  국권수호 외교활동

- 1904년 주정부 상대로 하와이 이주한인 권익보호 투쟁활동

- 1903년 8월 하와이 호놀룰루에서 신민회(新民會) 조직

윤병구(尹炳求)는 독실한 기독교 신자로 일찍 미국으로 건너가 독립운동을 벌였다. 구한말 미국인 교사(헐버트)와의 인연으로 하와이로 이주해 1903년 신민회(新民會)를 결성, 한인사회 친목과 단결을 도모했다. 1904년엔 하와이 이주 한인들에 대한 불법적인 인민세 징수 반대 투쟁으로 한인 권익보호에 앞장섰고, 1905년엔 '에와 친목회'를 발족해 일화(日貨)배척 활동 항일운동을 펼쳤다.

러일 전쟁 후 1905년 미국 포츠머스 강화회의에서 조선 지배 강화를 노리는 일본에 맞서 이승만과 함께 미국 루스벨트 대통령에게 조선독립 청원서를 전달하는 등 국권수호 외교활동을 벌였다.

1907년엔 이상설, 이위종과 함께 헤이그 만국평화회의에서 일본의 침략야욕을 폭로했고, 미국 내 한국 독립 지지 여론 조성에 나섰다.

뒷날 미주 한인단체 통합체인 대한인국민회(大韓人國民會)가 결성되고 1912년 11월 18일 중앙총회 대표회 개최 때는 하와이 대표로 참석, 중앙총회장이 됐다.

3·1운동 이후 필라델피아 한인연합대회에서도 연합국 강화회의 임시정부 대표로 지명됐고, 미일 전쟁 때엔 그의 아들 등 한인 젊은 이들이 미국에 자원입대(1944년 12월까지 195명 입대)했다.

광복을 앞두고 이승만(李承晩)을 도와 선전 외교활동을 폈고 1949년 46년 만에 귀국, 한미협약 초안 작성에 몰두하다 그해 6월 20일 세상을 떠났다. 1977년 건국훈장 독립장이 추서됐다.

친일파 아들로 태어나 대통령이 된

윤 보 선 (尹潽善)

1897년 8월 26일~1990년 7월 18일

- 1967년 제6대 대통령선거 출마, 낙선
- 1963년 민정당 창당, 대통령선거 출마해 낙선
- 1960년 대통령선거 민주당 후보출마, 4대 대통령 선출
- 1948년 정부 수립, 초대 서울시장 발탁
- 1940년 1월 조선총독부 창씨개명령에 거절
- 1937년 조선총독부 신사 참배령에 참배 거부
- 1930년 영국 에든버러대학교 고고학과 졸업
- 1920년 10월 주간잡지 '진단' 발간 및 편집 지원활동
- 1919년 3월 대한민국 임시의정원 의원 특별 선출
- 1917년 상해 도착. 신아동제사 회원
  신한청년당(新韓靑年黨) 입당
- 1913년 게이오의숙(慶應義塾) 의학부 입학

일제강점기 때 독립운동에 참여했고 광복 이후에는 정치가로 활동하며 우리나라 제4대 대통령이 된 윤보선(尹潽善·1897~1990)은 친일파 집안 사람으로 1897년 8월 26일 태어났다.

친일 행적에 발을 디딘 윤웅렬(尹雄烈)·윤치호(尹致昊) 부자(父子)도 윤보선의 증조부인 윤취동(尹取東)의 아들과 손자였다.

윤보선의 큰아버지(윤치오·尹致旿)는 1910년 강제병합 이후 중추원 자리를 꿰찼고, 아버지(윤치소·尹致昭) 역시 중추원 참의를 지냈고 일제에 국방헌금을 낼 정도의 열성 친일파였다.

그러나 윤웅렬의 동생인 할아버지 윤영렬(尹英烈)은 강제합방 후 관직에서 물러나 조선총독부가 주는 작위와 은사금도 거절했지만 집안의 여럿이 친일의 삶을 누린 셈이다. (정운현 지음, '친일파는 살아 있다')

그러나 윤보선은 상하이 임시정부에서 독립운동 활동에 가담했다. 독립자금 마련을 위해 일본에서 활동도 했다. 영국으로 유학, 1930년 에든버러대학(고고학과)을 졸업했다.

광복 이후 정계에 입문했고, 서울시장·상공부장관 등 화려한 관직생활을 이어갔다. 국회에 진출, 3~6대까지 의원을 지냈다.

이승만 정권이 무능과 부정부패로 결국 4·19혁명과 함께 붕괴되자 대통령에 선출됐다. 하지만 1961년 군부(박정희 장군)의 5·16으로 1962년 대통령직에서 물러났다.

다시 정당을 창당해 제5·6대 대통령선거에 나섰다가 낙선했고, 이후 야당 지도자와 민주화 운동가의 삶을 살다 죽었다.

춘색 방초 밟으며 의거를 계획한

윤 봉 길 (尹奉吉)

1908년 6월 21일~1932년 12월 19일

- 1946년 유해 조국봉환, 효창공원 안장
- 1932년 5월 25일 상해 파견 일본군법회의 사형 선고
- 1932년 4월 한인애국단 입단, 홍구공원 폭탄투척 의거
- 1931년 상해임시정 지도자 김구 면담
- 1930년 3월 6일 중국 망명길
- 1928년 부흥원 설립, 농촌개혁운동 활동
- 1927년 '농민독본(農民讀本)' 3권 저술
- 1926년 농촌계몽운동 전개
- 1921년 오치서숙(烏峙書塾)에서 한학 수학
- 1919년 3 · 1만세운동으로 덕산공립보통학교 자퇴

"처처한 방초(芳草)여/ 명년에 춘색(春色)이 이르거든/ 왕손으로 더불어 같이 오게// 청청한 방초여/ 명년에 춘색이 이르거든/ 고려(高麗) 강산에도 다녀가오// 다정한 방초여/ 금년 4월 29일에/ 방포일성(放砲一聲)으로 맹세하세."

서울시 서초구 양재동에 조성된 '시민의 숲'에는 매헌(梅軒) 윤봉길(1908~1932)을 기리는 기념관이 있다.

기념관 옆 그의 동상 한쪽에는 '이 은혜 길이길이 우러러보리'(斯恩寔瞻)라는 글귀가, 다른 쪽엔 '홍구(虹口)공원에서 푸른 풀을 밟으며'라는 제목의 그의 유시(遺詩)가 새겨져 있다.

1932년 4월 29일 도시락 폭탄으로 일본인 간담을 서늘케 한 의거 이틀 전(4월 27일) 현장을 답사하며 지은 시다.

중국 상해를 점령한 일본의 전승기념 행사 때 폭탄을 터뜨려 일본군 사령관 시라카와 요시노리 등을 죽였다. 장제스(蔣介石)은 '중국 100만 대군이 못하는 일을 해내니 장하다'며 찬사를 아끼지 않았다.

25세로 생을 마친 그는 강보에 싸인 두 아들에게 유언을 남겼다.

"너희도 만일 피가 있고 뼈가 있다면/ 반드시 조선을 위해 용감한 투사가 되어라// 태극의 깃발을 높이 드날리고/ 나의 빈 무덤 앞에 찾아와 한잔 술을 부어 놓으라// 그리고 너희들은 아비 없음을 슬퍼하지 말아라/ … (이하 생략)." 그의 기념관은 고향 예산과 상해에도 있다. 정부는 1962년 건국훈장 대한민국장을 추서했다.

40만 일본군과 전투하다 장렬히 숨진

윤 세 주(尹世胄)

1901년 6월 24일~1942년 6월 3일

- **1943년 6월** 대한민국 임시정부 · 조선민족혁명당 조선의용군 등 합동 추도회
- **1942년 5~6월** 일본군과 전투
- **1941년** 조선의용군 지휘
- **1933년 11월** 한국대일전선통일연맹 중앙집행위원회 상무위원
- **1933년 4월 21일** 간부학교 제1기 졸업
- **1932년 10월 20일** 약칭 조선민족혁명간부학교 입교
- **1932년** 중국 남경 재망명
- **1927년** 5년 4개월 감옥생활 뒤 출옥, 독립운동 계속
- **1919년 11월 9일** 조선의열단 결성
- **1919년 3월 13일** 고향 밀양장터에서 독립선언서 낭독 후 중국 망명

"단결해서 적을 사살하기 바란다."

중국 국민당 정부군과 맞서 싸우던 중공군과 함께 3천~4천 명의 조선의용군을 이끌고 20개 사단 40만 일본 대군과 싸우다 41세로 장렬할 최후를 마친 조선의열단 출신의 윤세주(1901~1942)가 죽음 직전 남긴 절규다.

경남 밀양에서 태어나 나라를 잃고 국민학교에서 일본왕의 출생 기념일에 받은 일장기를 화장실에 버릴 만큼 일본을 증오했다. 중학교 땐 교내 비밀조직인 연무단(練武團)을 조직, 금지된 개천절기념 행사를 가지는 바람에 학교는 폐쇄됐다. 1919년 고향에서 3·1만세운동을 하다 일제에 쫓겨 중국으로 망명했다. 독립군양성 무관학교인 신흥무관학교에 입학, 군사교육을 받았고 그해 11월 친구 김원봉(金元鳳) 등 13명과 조선의열단(義烈團)을 만들었다.

조선총독부 등 일제 침략기관 파괴와 원흉 처단을 위해 신철휴(申喆休) 등과 국내로 잠입, 1920년 6월 16일 서울 비밀회합을 갖다 체포돼 5년 4개월의 옥살이 끝에 1927년 출옥했다.

1932년 여름 중국으로 재망명, 10월 조선민족혁명간부학교에 들어가 이듬해 4월 제1기로 졸업했다. 그해 11월 결성된 한국대일전선통일연맹의 중앙집행위원회 상무위원으로 뽑혔고 이후 중국과 제휴해 만든 조선의용대의 핵심활동도 맡았다. 조선의용군으로 이름 바꾼 부대를 이끌고 중공군과 함께 1942년 40만 일본군과 피할 수 없는 전투를 치르다 결국 숨을 거두었다. 1943년6월 중경에선 추도회로 그를 기렸고, 1982년 건국훈장독립장이 추서됐다.

대한자강회로 계몽활동 나선

윤 효 정 (尹孝定)

1858년~1939년

- **1931년** 동아일보에 '풍운한말비사' 연재

- **1919년** 3·1 만세운동 이후 도피생활

- **1910년** 경술국치 이후 도피생활

- **1908년** 대한자강회 후신인 대한협회 전국 60여개 조직결성

- **1907년** 고종퇴위 반대운동 전개로 대한자강회 해산

- **1906년** 대한자강회(大韓自强會) 조직 참여

- **1905년** 헌정연구회(憲政研究會) 조직 참여

- **1903년** 명성황후 시해 연루범 우범선 암살 관련

- **1898년** 독립협회 간부 활동,
  고종양위 음모사건 관련 일본 망명

- **1894년** 탁지부주사 근무

"무릇 우리나라의 독립은 오직 자강의 여하에 있을 뿐이다. 우리 대한은 지금까지 자강의 방법을 강구하지 않았다. 그래서 인민은 우매해졌고 자연히 국력은 쇠퇴해졌다. 드디어 오늘날 외국 사람의 보호를 받는 간극(艱棘)한 상황에 이르렀으니 이는 모두 자강의 길에 뜻을 두지 않아서이다."

1906년 3월 31일 윤효정(尹孝定·1858~1939)은 장지연(張志淵) 등과 함께 민중계몽 단체인 대한자강회(大韓自强會)를 만들었다.

을사보호조약 강제체결(1905년) 등 조선 패망의 그림자가 짙게 드리우자 국민교육을 통한 국력 배양과 독립 기반 강화 활동을 위해서였다.

전국 25곳에 지회를 두었던 자강회는 1905년 5월 구성된 기존 헌정연구회를 확대 개편한 것이었다. 이들은 자강회 모임 취지서를 밝히고 월보(月報)를 제작, 팔기도 했다. 월보엔 '대한자강회 월보라는 책은 애국사상이 있으신 지사(志士)는 부득불 열람할 일'이란 광고 문구를 새겨 동참을 촉구했다. 의무교육 실시, 조혼금지, 단발(斷髮) 실천, 황무지 개척 등에 대한 계몽운동을 폈다.

구한말 문신 관리였던 윤효정은 1898년 독립협회 간부로 활동도 했고, 고종 양위 음모사건으로 일본에 망명했다.

이때 명성황후 시해사건 이후 망명 중이던 우범선(우장춘 박사 아버지)과 교제했는데, 우범선을 명성황후 시해관련자로 알고 뒷날 사람(고영근)을 시켜 살해토록 했다고 한다. '풍운한말비사'라는 글을 언론에 연재하기도 했다.

유일하게 독립운동 나선 왕족

이 강(李堈)

1877년 3월 30일~1955년 8월 16일

- **1940년** 창씨개명령 거부
- **1921년** 독립단체 대한민국대표단
  독립청원연명부 황족대표 서명
- **1919년** 11월 상해 임시정부로 탈출시도 실패,
  만주에서 본국 송환
- **1911년** 손병희와 극비회동, 국권회복 방안모색
- **1910년** 합방 이후 폐인행세,
  항일 독립인사 비밀접촉 독립지원
- **1907년 1월 15일** 북한산성에서 의병봉기 독려 연설
- **1905년 4월** 귀국, 6월 적십자사총재 취임
- **1899년** 미국유학
- **1895년 8월** 영국 · 독일 · 러시아 · 이탈리아 · 프랑스
  오스트리아 순방
- **1894년 9월** 일본의 청일전쟁 승리축하 보빙대사로 일본방문

"우리나라의 임시정부에 합류해서 고종황제와 명성황후의 죽음에
대한 복수를 하는 동시에 조국의 독립과 세계평화에 헌신하겠다."

1919년 3·1만세운동 후인 11월 상해 임시정부로 망명하려다 일
제 감시망에 걸려 실패한 고종 황제 아들 의화군(義和君) 이강(李
堈·1877~1955)은 임시정부에 보낸 글에 일제에 대한 복수와 조국
독립의 열망을 담았다.

왕족 가운데 유일하게 독립운동에 발벗고 나섰으나 일제 땐 감시
로, 광복 후엔 황실 배척정책을 편 이승만 정부의 견제로 불운한 생
을 마쳤다.

그는 1895년 5월 27일 6개국 특파대사로 임명돼 영국 독일 프랑
스 러시아 이탈리아 오스트리아를 차례로 방문하는 특사로 활약했
다. 일본에도 파견되는 등 국제 정세에 관심 많았던 그는 1900년 미
국 유학길에 올라 오하이오주 웨슬리언대학(Wesleyan University)
과 버지니아주 로노크대학(Roanoke College)에서 공부해 국제 정
세에 민감했다.

유학 중 의친왕(義親王)에 책봉됐지만 1910년 나라가 망하자 공(
公)으로 강등됐고 독립에 강한 열망을 가졌다.

3·1운동에 이은 2차 만세운동 때 독립선언서에 왕족으로서는 유
일하게 그의 이름이 올랐고, 상해 망명 미수사건도 그런 맥락이었
다.

1921년 미국 워싱턴에서 열린 5대 열강회의 때 조선의 독립을 촉
구한 건의서에서도 왕족 대표인 그의 이름이 나오는 이유다.

무관 벼슬로 시작, 의병장으로 삶을 마친

이 강 년 (李康秊)

1858월 12월 30일~1908년 10월 13일

- 1908년 9월 22일 재판에서 교수형 판결
- 1908년 6월 까치성 전투에서 체포
- 1907년 7월 충북 제천전투 후 도창의대장
- 1907년 7월 충북 제천전투 승리
- 1907년 고종황제, 도체찰사로 임명
- 1907년 3월 의병모집
- 1897년 유인석과 중국 요동에서 항일운동
- 1896년 유인석 의병부대 유격장
- 1894년 동학혁명으로 동학군 투신
- 1880년 무과급제 선전관

"한평생 이 목숨 아껴본 바 없었거늘 죽음 앞둔 지금에서야 삶을 어찌 구하려 하나만 오랑캐 쳐부술 길 다시 찾기 어렵구나. 이 몸 비록 간다고 해서 넋마저 사라지랴."

1858년 12월 경북 문경군 가은면 도태리에서 태어나 의병을 일으켰다가 1908년 10월 13일 감옥에서 삶을 마감한 의병장 운강(雲崗) 이강년(李康秊)의 옥중 시다. 1880년 무과에 급제해 벼슬길에 나섰으나 1884년 갑신정변으로 낙향했고, 1894년 동학혁명 때 동학군이 됐다.

이후 청일전쟁, 명성황후 시해, 단발령 등으로 1895년 을미의병이 일어나자 1896년 고향에서 의병 활동에 나섰고 뒤에 의암 유인석의 의병진에 합류, 유격장이 됐다. 그러나 관군에 패해 의병을 해산, 1897년 중국으로 갔다가 다시 귀국해 재기를 노렸다.

일본의 러일전쟁 승리, 을사늑약 체결, 군대해산 등 노골적인 일제의 침략 야욕에 1907년 3월 다시 의병을 일으켜 큰 전과를 거두었고, 광무 황제는 도체찰사를 제수했다. 또 전국 의병부대를 통합, 항일 무장투쟁을 위한 13도창의대진소가 결성되자 호서창의대장으로 서울 진공작전을 준비했으나 차질을 빚자 전열을 재정비, 기회를 보다 1908년 6월 충북 청풍 까치성 싸움에서 적탄을 맞고 사로잡혔다.

재판에선 "의병을 일으켜 왜놈들을 섬멸하고 5적, 7적을 죽여 국가에 보답하고 백성을 편안하게 하려 했다"며 소신을 잃지 않았다. 1962년 건국훈장 대한민국장이 추서됐다.

독립운동 · 대구시장 거친 매일신문사 사장

이 경 희(李慶熙)

1880년 6월 11일~1949년 12월 4일

- 1905년 기호중학교 졸업, 대구 협성학교,
  안동 협동학교 교사

- 1909년 청년학우회 조직, 학우회 경성지회 회원

- 1910년 신민회 결성, 신민회 경북지부장

- 1911년 105인 사건으로 만주 망명

- 1919년 의열단 가입

- 1927년 신간회 가입,
  신간회본부 총무간사 · 경북지부장 · 대구지회장

- 1945년 경상북도부지사 겸 임시 대구부윤

- 1946년 대구부윤, 경북 부지사 겸임

- 1946년 독립촉성중앙회 경북지회장

- 1947년 남선경제신문사 대표이사

"존경하는 이형(李兄) 몇 마디 말씀을 드리게 됨을 기뻐합니다…도(道) 고문회의(顧問會議)가 12월 20일, 21일 양일간 개최됐는데… 귀하를 조선인 지도자로서 본관에게 천거하였기에 본관은 이에 … 민정관(民政官) 즉 본도 부지사의 사무와 직책을 귀하에게 위임토록 아놀드 장군에게 추천합니다. 금일…본관 사무실에서 귀하의 내방을 맞았으면 감사하겠습니다. 이 편지 전달자와 그 시간을 상의 결정해주시오."

1945년 8월 15일 일제 패망 뒤 미군의 군정 실시 때 경북도 군정 도지사(Provincial Military Governor) 레이몬드 재노스키(Raymond A.Zanowski) 대령은 그해 12월 22일 독립운동가 이경희(李慶熙)에게 경북부지사 위촉편지를 보냈다. 1880년 대구 무태에서 태어난 그는 서울서 중학교를 졸업, 대구와 안동에서 교편을 잡았다. 그러나 1910년 8월 나라가 망하자 국내외에서 독립운동에 나섰다.

'나라 잃은 나는 못난 이'란 뜻의 '지오'(池吾)를 호로 삼았고 의열단(義烈團)에 가입, 조선총독부 폭파를 계획했다 체포돼 옥살이도 했다. 창씨개명 거부 등 끝까지 항일하다 광복 후 경북도 부지사, 대구부(府) 초대 부윤(府尹·시장)을 하다 군정 비위(非違)에 환멸을 느껴 물러났다. 대한독립촉성국민회 경북도지부장, 대종교 활동에 이어 1949년 7월 1일 제4대 남선경제신문(현 매일신문) 사장에 취임, 그해 12월 4일 사망 때까지 지냈다. 대구 망우공원엔 공적비가 있다. 1980년 건국포장, 1990년 건국공로훈장 애국장이 추서됐다.

'손기정 일장기 말소사건' 주인공
이 길 용(李吉用)

1899년~ ?

- 1950년 6·25전쟁 납북

- 1948년 서울특별시 고문

- 1945년 광복후 조선체육회 상무이사 선임

- 1936년 8월 동아일보 손기정(孫基禎) 선수 일장기 말살

- 1932년 '신동아'에 '여자정구 10년사' 연재

- 1927년 8월 조선운동기자단(朝鮮運動記者團) 조직

- 1924년 조선체육회 실무위원

- 1919년 철도국 근무중 독립운동 지원활동 발각, 3년 옥살이

- 1918년 도지샤대학(同志社大學) 유학중 귀국

- 1916년 배재학당(培材學堂) 졸업, 일본 유학

1936년 베를린올림픽 마라톤 우승자 손기정과 그를 보도한 기자 이길용(李吉用·1899~?)은 우리 체육사에서 길이 빛날 족적을 남겼다. 이길용은 손기정의 우승사진에서 가슴의 일장기를 없애버린 소위 '일장기 말소사건'의 주인공. 당시 일장기를 없앤 신문 보도는 조선중앙일보가 먼저였다. 이 신문은 1936년 8월 9일 밤 마라톤 우승선수 손기정의 사진에서 일장기를 없애고 8월 13일 보도했다. 동아일보는 이길용, 현진건 기자 등이 주도해 8월 25일 일장기를 지우고 손기정을 실었다.

일제는 9월 5일부터 두 신문을 무기정간처분했고 이길용 기자 등은 회사를 떠났다. 정간조치는 1937년 6월 2일 해제되고 신문은 복간됐지만 이길용 등은 복직할 수 없었다. 1939년 동아일보는 슬그머니 현진건을 복직시켰으나 일제 압력으로 다시 해직시켰다.

경남 마산에서 태어난 이길용은 1916년 배재학당 졸업 뒤 일본에 유학을 떠났다가 집안 형편으로 귀국, 철도국에 근무하며 1919년 3·1 독립선언서 등 기밀문서 운송책임 활동을 하다 들켜 3년간 옥살이를 했다. 출감 후 동아일보에서 체육기자로 활약하다 그만두고 다양한 체육활동을 벌였다. 1927년 동아일보에 재입사했으나 결국 일장기 말소사건으로 그만두었다. 광복 뒤 체육사 정리 등으로 체육발전에 기여했다. 그러나 6·25전쟁 때 북한군에 납북돼 생사확인이 되지 않고 있다. 1991년 건국훈장 애국장이 추서됐고 1989년 한국체육기자연맹은 이길용체육기자상을 제정, 해마다 수여하며 그를 기리고 있다.

독립전쟁 선포한 임정 초대 국무총리

이 동 휘(李東輝)

1873년 6월 20일~1935년 1월 31일

- 1932년 10월 국제혁명가후원회 위원 활동공로 인정 훈장
- 1921년 1월 24일 상해임정 탈퇴
- 1919년 8월 상해 도착, 대한민국임시정부 국무총리 취임
- 1918년 5월 13일 최초 한인사회주의정당인 한인사회당 창당
- 1913년 2월 압록강 도하, 북간도 거처 연해주 이동
- 1911년 105인사건 연루, 1년 유배생활
- 1909년 캐나다 장로교선교회 전도사 활동
- 1908년 서우학회(西友學會)와 서북학회(西北學會)로 발전
- 1907년 군대해산 불만, 강화군민 봉기 배후조종자 혐의 체포
- 1906년 함경도 출신 청년 중심 한북흥학회(漢北興學會) 조직
- 1905년 3월 군직 사임 보창학교(普昌學校) 설립
- ? 강화도 진위대장 근무

"이천만 동포는 다 최후의 일인이 필사(畢死)하기까지 최후의 일인의 혈점(血點)이 필적(畢滴)하기까지 독립을 필성(必成)코야 말 줄로 확신하노라… 나는 우리 독립을 단순한 외인의 찬조에 의뢰함보다도, 내가 내 혈로써 우리 자손 억만대의 광영이요, 행복되는 완전 무결한 독립을 사려 하는 마음, 다시 말하면 최후의 혈전이라야, 반드시 영원한 독립을 성공하리라 하노라."

2004년 11월 3일 독립기념관에서 제막식을 가진 독립운동가 성재(誠齋) 이동휘(李東輝·1873~1935)의 독립전쟁 애국어록비에 있는 글이다.

대한민국 임시정부 초대 국무총리를 지낸 그는 1873년 함경남도 단천군에서 가난한 농부의 아들로 태어났다.

1897년 고종 황제가 세운 사관양성소에서 1회로 졸업, 육군참위로 임관했고 뒷날 고종 신임으로 1903년엔 강화진위대장에 발탁됐다. 나라가 망하자 1913년 중국으로 건너가 독립운동을 벌였다.

1919년 3·1운동 이후엔 상해로 건너가 그해 11월 3일 임시정부 초대 국무총리에 취임했고 11월 4일 임시정부를 취재온 혁신공보 특파원과 만났는데 이날 이야기가 애국어록비에 새겨졌다.

그러나 이승만 대통령과의 갈등으로 1921년 1월 임시정부에서 탈퇴해 고려공산당을 창당했다. 그는 공산주의의 선구자였으나 공산주의는 항일 민족독립운동의 방편이었다. 민족주의적 혁명가의 삶을 살다 블라디보스토크에서 생을 마쳤다.

정부는 1995년 건국훈장 대통령장을 추서했다.

청산리대첩 이끌고 국군 창설에 공헌한

이 범 석(李範奭)

1900년 10월 20일~1972년 5월 11일

- **1948년** 초대 정부 국무총리 겸 국방장관
- **1946년 10월** 민족청년단 결성
- **1946년 6월 3일** 인천항 귀국
- **1940년~1945년** 한국광복군 참모장, 제2지대장
- **1920년** 북로군정서 연성대장, 청산리전투 일본군 대파
- **1919년** 신흥무관학교 교관
- **1916년** 운남강무당(雲南講武堂) 입학
- **1915년** 여운형과 한강에서 만나 중국 망명길
- **1913년 3월** 경성고등보통학교 입학

"조국! 너무나 흔하게 쓰이는 말이고, 또 생각없이 불리며 일컬어
지는 단어다. 그러나 조국이라는 이 두 글자처럼 온 인류, 각 민족에
게 제각기 강력한 작용과 위대한 영향을 끼친 것은 다시 없으리라
본다. 아니 그렇게 믿는다. 믿는 것이 옳은 내 견해이고, 내 체험의
소산인 것이다."(이범석, '우등불'에서)

1900년 오늘 4대 독자로 태어난 철기(鐵驥) 이범석(李範奭). 어릴
때부터 근대적인 사고와 새로운 학문 분위기 속에 자랐다. 1915년
독립운동가 여운형을 만나 망명을 결심, 그해 11월 중국으로 가 항
일운동에 투신했다. 1916년 운남강무당(雲南講武堂) 군관학교에서
장교수업을 받고 기병장교가 됐다.

1919년 3·1만세운동 이후 장교직을 그만두고 상해 임시정부와 논
의, 만주 독립군 양성과 항일 무장투쟁을 위해 그해 10월 신흥무관
학교 교관으로 취임했다. 당시 만주에선 서로군정서(西路軍政署), 북
로군정서(北路軍政署) 등 독립군이 항일 무장투쟁 중이었고, 김좌진
사령관의 북로군정서가 강력한 부대로 등장했다.

그는 북로군정서 군사교관으로 부임, 장교 육성과 부대 전투력 강
화에 나섰고, 일제의 2만 만주독립군 토벌병력에 맞서 김좌진과 함
께 1920년 10월 20일 부대를 집결, 청산리 일대 전투에서 대승리(
청산리대첩)를 거뒀다. 일본군 1천200여 명 전사, 2천100여 명 부
상에 독립군은 130여 명 전사, 220여 명 부상이었다. 1946년 귀국,
정부수립 직후 초대 국무총리 겸 국방부장관으로 국군 창설에 공헌
했다. 1972년 삶을 마쳤고 건국훈장 대통령장을 받았다.

망국 소식에 자결한 외교관

이 범 진(李範晉)

1852년 9월 3일~1911년 1월 26일

- 1908년 연해주 의병단체 동의회(同義會) 지원
- 1907년 헤이그 파견 특사(이위종·이준·이상설)지원
- 1906년 러시아 대한제국 공사관 공식 폐쇄
- 1904년 2월 독일 주재 공사 일시 임명, 주러공사 복귀
- 1901년 3월 러시아공사 재임명
- 1900년 5월 4일 프랑스 파리 도착, 파리만국박람회 참가
  대한제국 공식행사 주관
- 1899년 3월 프랑스공사(公使) 임명
- 1896년 아관파천 주역 활동, 주차미국특명전권공사 임명
- 1895년 명성왕후의 친로파 가담, 농상공부협판
- 1879년 식년문과 병과 급제

"황제 폐하께. 우리나라 대한제국은 망했습니다. 폐하는 모든 권력을 잃었습니다. 저는 적을 토벌할 수도, 복수할 수도 없는 이 상황에서 깊은 절망에 빠져 있습니다. 자결 외에 제가 할 수 있는 일이 없습니다. 오늘 목숨을 끊으렵니다."

1910년 일제에 나라를 빼앗긴 데 대해 죽음으로 저항한 한 애국 외교관이 있었다. 1907년 헤이그 만국평화회의 밀사 이위종(李瑋鍾) 열사의 부친 이범진(李範晉)이다.

1852년 9월 3일 태어난 그는 대한제국이 일제 침탈로 망하자 이를 참지 못해 멀리 러시아에서 고종 황제 앞으로 유서가 된 편지를 1911년 1월 26일 보냈다.

죽음 직전 남은 유산이 미국, 연해주의 독립운동 자금으로 쓰이도록 한 우국지사였다. 외교로 대한제국을 구하려 했던 애국 외교관이었다.

아관파천 때 주역이었던 그는 1896년 6월 주미 공사가 돼 미국으로 떠난 뒤 다시는 조국 땅을 밟지 못했다. 후일 다시 러시아 공사로 전임돼 그곳에서 59세로 생을 마쳤다.

국권을 지키려 애국적 외교활동을 하던 그를 없애려는 일제에 의해 1904년 공사직에서 면직됐음에도 불구하고, 러시아에 남아 헤이그 밀사 파견 지원 등 구국활동을 멈추지 않았다.

정부는 그의 애국 공훈을 기려 1963년 대통령 표창을 한데 이어 1991년 건국훈장 애국장을 추서했다.

대구에서 순국한 전북 임실 의병장

이 석 용(李錫庸)

1877년 11월 29일~1914년 4월 4일

- 1914년 4월 사형 확정
- 1914년 2월 1심재판 사형선고, 대구감옥 이송
- 1913년 10월 친구 배반으로 체포
- 1912년 비밀결사 임자밀맹단(壬子密盟團) 조직
- 1911년 3월 일본 천황 암살 계획
- 1909년 3월 의병해산
- 1908년 1월 '의령10조(義令十條)' 발표
- 1907년 8월 진안 의병대 대장, 9월 호남창의진 대장
- 1906년 의병거사 준비
- 1901년 면암 최익현과 면담
- 1894년 스승의 딸 부녕김씨(扶寧金氏)와 혼인

"소위 일왕 명치(明治)와 총독을 죽이지 못하고 또 동경(東京)과 대판(大阪)을 불사르지 못하고 죽는 것이 원통할 뿐이다."

1878년 전북 임실에서 태어나 무력을 앞세워 조선을 삼키려는 야욕을 드러내는 일제에 저항하며 의병을 일으켰다.

의병장으로 수십 차례 일본군과 전투를 벌이다 붙잡혔으나 당당함을 잃지 않고 국권회복과 일제에 대한 저항의지를 굽히지 않고 사형선고를 받아 1914년 4월 28일 36세 젊은 나이로 대구형무소에서 교수형으로 순국한 의병장 정재(靜齋) 이석용(李錫庸)의 최후 진술이다.

그는 1904년 터진 러일전쟁에서 이긴 일제가 조선에 대한 간섭을 노골화하고 1907년 군대를 강제 해산하는 등 나라를 뺏기 위한 검은 야욕을 드러내자 항일에 나섰다. 항일 의병대장으로 추대되어 1907년 9월 마이산에서 제단을 쌓아 하늘에 제사를 지내고 "왜인을 이 땅에서 몰아내자"며 결의를 다진 후 곳곳을 돌며 1909년 9월까지 의병 전투를 벌였다.

수많은 싸움에서 열세의 군사력에도 불구하고 적병을 사살하는 전과를 올렸다. 이후 잠행하며 유랑을 하던 중 1912년 고향에서 붙잡혔고, 사형선고 뒤 대구형무소에서 짧은 생을 마쳤다. 의병활동에 대한 진중일기로 남겼는데 '정재선생호남창의일록'(靜齋先生湖南倡義日錄)으로 간행됐다. 1962년 건국훈장 독립장이 추서됐고 서거 100주년을 맞아 '이석용 의병장 순국 100주년 기념사업추진위원회'는 학술대회 등 다양한 추모사업을 추진하며 기리고 있다.

평양 방문한 첫 한국 대통령

이 승 만(李承晚)

1875년 3월 26일~1965년 7월 19일

- 1948년 7월 20일 초대 대통령 선출
- 1945년 4월 국제연합 창립총회에
  한국대표단 단장 참석
- 1941년 12월 중경(重慶) 대한민국 임시정부
  주미외교위원부 위원장
- 1933년 국제연맹회의 참석, 한국 독립문제 환기 외교활동
- 1920년 12월~1921년 5월 대한민국 임시정부 대통령직 수행
- 1918년 한인기독교회 설립
- 1912년 일제 조작 '105인사건' 연루, 미국으로 출국
- 1910년 7월 프린스턴대학 철학박사 학위 취득, 귀국
- 1905년 8월 미국 루스벨트(Theodore Roosevelt) 대통령 회견
- 1895년 배재학당(培材學堂) 입학
  배재학당내 협성회 가입

"모두 함께 조국을 위해 싸우자!"

이승만 대통령은 1950년 10월 29일 오전 9시 30분 역사적인 평양 방문에서 시민들에게 외쳤다. 대통령은 정일권 국군 총사령관 등 환영 인파 속에 평양 능라도 비행장에 내려 평양시청으로 이동, 환영식장에 모인 5만여 명의 군중에게 호소했다.

39년 만에 평양을 방문하게 됐다고 소개한 대통령의 호소는 인천 상륙작전의 성공이 있었기에 가능했다.

6·25전쟁으로 밀리던 국군과 UN군은 이 작전 이후 북진의 기회를 잡았고, 국군 1군단은 10월 1일 동해안 쪽에서 38선을 넘어 북진을 시작했고 UN군은 서부지역에서 북으로 북으로 진격했다.

평양 점령을 위해 국군 부대와 미군은 북한군과 치열한 전투를 벌이며 선점 경쟁을 벌였다. 결국 국군 1사단 산하 연대가 10월 19일 밤 미군을 제치고 평양을 맨 먼저 점령한 부대로 기록되는 영광을 안았다. 그리고, 대통령의 평양 방문도 이뤄졌다.

그러나 6·25전쟁 이전부터 북진통일의 목소리를 높였지만 대통령의 염원과는 달리 38선으로 남북은 영원히 갈렸고 통일은 요원했다. 통일에 집착했던 대통령의 끝은 비참했다. 오랜 독재와 부패 등으로 민심이 돌아서면서 한때 존경받던 독립운동가는 1960년 4·19 혁명에 따른 하야와 하와이 망명, 1965년 망명지에서의 쓸쓸한 죽음으로 영욕의 세월을 마감했다.

비운(悲運)의 대구 출신 독립운동가

이 시 영(李始榮)

1882년 1월 10일~1919년 7월 9일

- 1972년 6월 17일 대구앞산공원에
  이시영선생 순국기념탑건립

- 1963년 대통령 표창

- 1955년 외아들 이응창, 대구원화여자고등학교 설립

- 1919년 임시정부 재무부장서리 거절

- 1919년 3 · 1만세운동 후 만주에서 한인무관학교 설립

- 1918년 귀국, 국내활동

- 1914년 중국 북경에서 항일활동 계속

- ? 무장단체인 광복단 결성

- ? 독립자금 모금활동 중 일본경찰에 체포, 2년 옥살이

- 1906년 중국 망명, 비밀조직 애국단 결성 등 독립운동 투신

식중독 철이면 떠올리는 안타까운 인물이 있다. 대구가 낳은 항일 독립운동가 우재(又齋) 이시영(李始榮)이다. 도산 안창호가 '날개 달린 호랑이'라며 칭찬을 아끼지 않았던 그였다.

시서화(詩書畵)에 능했고, 기골이 장대한 무인기질의 그는 1905년 을사늑약(勒約) 체결 후 이듬해 중국으로 망명했다. 북경과 만주 등 중국을 누비다 독립 군자금을 모으려 국내에 잠입했다. 애국단을 조직, 대구에서 군자금 마련에 나서다 일본 경찰에 체포돼 옥고도 치렀다.

출옥 후 박상진·서상일 등과 함께 무장 항일단체인 광복단을 조직, 중국에서 활약했다. 1919년 3·1운동 후엔 독립인재를 잘 길러 왜구를 조선에서 쫓아내려 한인무관학교를 만주에 세웠다.

1882년 태어난 그는 그러나 쌓인 피로에다 식중독으로 1919년 7월 9일 38세의 짧고 한많은 삶을 마감했다. 안창호는 "문무 겸비한 별을 잃었다"며 통곡했다.

문재(文才)는 후손에도 이어진 듯 외아들 이응창(서상일의 사위)은 교육자(대구원화여고 초대 교장)이자 동시작가로 계몽 문인의 삶을 살았다. 1963년 뒤늦게 대통령 표창을 받았고, 그를 기린 순국기념탑이 대구 앞산 자락에 있다.

초상화는 러시아 부기끄대 영화대 세르게이 도고레프 교수가 2002년에 그린 것이다.

일제 반출로 쌀 부족하자 안남미 수입한

이 용 익(李容翊)

1854년~1907년 2월

- 1907년 2월 친일파 자객에 저격 중상 피해
- 1906년 고종 밀명에 프랑스 방문길,
  중국에서 일본 관헌에 발각
- 1905년 을사조약체결 반대, 군부대신 사퇴
  보성인쇄소 · 보성학원 설립
- 1904년 한일의정서(韓日議定書) 체결반대로 일본 강제납치
- 1902년 탁지부(度支部) 대신(大臣)으로 화폐개혁 단행
- 1897년 황실재정 총괄 내장원경(內藏院卿) 발탁
- 1891년 함남병마절도사 재임명
- 1898년 근대식 석판인쇄기계 도입, 우표 등 인쇄 발매
- 1887년 영흥(永興)부사, 함남병마절도사 임명
- 1882년 임오군란 때 민비(閔妃)의 비밀연락 담당

이용익(李容翊)은 함경도에서 1854년 서민 아들로 태어났다. 이재(理財)에 밝았는데 보부상과 금광 투자 등으로 거부가 됐다. 이를 바탕으로 한양에 와 인연 맺은 민영익 천거로 고종의 신임을 받았다.

이재 능력으로 왕실 재산을 관리하는 내장원(內藏院) 최고 책임자인 내장원경(卿)에 발탁돼 왕실의 수입을 늘리고 재정을 책임졌고, 중앙은행 총재와 탁지부 대신 등을 지내며 능력을 발휘했다.

반일의 정치 입장으로 1904년 러일 전쟁 땐 일본에 압송돼 핍박과 회유에 시달렸다. 개화된 일본 문물을 접하면서 민족계몽과 민족역량 키우기에 나섰다.

일본에서 인쇄기를 들여와 인쇄소인 보성사(普成社)를 설치했고 3·1운동 땐 독립선언문을 찍기도 했다. 인재양성을 위해 보성(普成) 소학교와 중학, 보성전문학교(현 고려대 전신)도 세웠다.

특히 일본과의 개항 이후 국내 쌀의 반출로 쌀값 폭등과 쌀 부족이 심각하자 이를 해결하려 베트남 안남미(安南米) 수입에 나섰다. 쌀 수입문제로 출국했다 1903년 1월 14일 러시아 포함(砲艦)을 타고 귀국했다.

그러나 쌀 수입에 대한 저항으로 후유증도 적잖았다. "수입쌀은 혼을 뺏아간다"거나 "수입쌀을 먹으면 아비 어미도 몰라본다"는 등 유언비어도 나돌았다.

나름 근대 개혁에 일익을 담당했지만 을사늑약 이후 해외에서 구국활동을 하다 1907년 블라디보스토크에서 생을 마쳤다.

부친상으로 서울진공작전 포기한

이 인 영(李麟榮)

1868년 9월 23일~1909년 9월 20일

- 1909년 8월 13일 경성지방법원 교수형 선고

- 1909년 6월 7일 일본헌병에 체포, 수감

- 1908년 5월 14일 포천 영평에서 13도 의병 총대장 허위 체포

- 1908년 1월 28일 부친상, 장례차 귀향

- 1908년 1월 서울 탈환작전 개시

- 1907년 12월 경기도 양주 집결, 서울진격 준비

- 1907년 11월 13도 창의대진소(의병연합부대) 편성,
   총대장 추대

- 1907년 7월 의병활동 재기, 관동창의대장

- 1896년 의병 해산령에 의병의진 해산
   문경 은둔생활

- 1895년 을미사변 명성황후(明成皇后) 시해,
   원주 의병활동 시작

"각 도 의병을 통일하여 궤제지세(潰堤之勢·둑을 무너뜨리는 기세)를 타서 근기(近畿)에 범입(犯入)하면 천하를 들어 우리의 가물(家物)이 되게 할 수는 없을지라도 한국의 해결에 유리함을 볼 수 있을 것이다."

조선의 유생들에게 집상(執喪·어버이 상 때 상제 노릇 하는 일)은 절대적인 비중을 차지했다. 풍전등화와 같은 조선의 운명을 눈앞에 둔 의병대장 이인영(李麟榮·1868~1909)도 예외는 아니었다.

1895년 명성황후 시해(을미사변), 을사늑약(1905년), 고종 황제 강제퇴위 및 군대 해산(1907년) 등 일제가 시시각각 조선을 삼키려 할 즈음 그 야욕 분쇄를 위해 그는 1907년 11월 서울을 향해 경기지방으로 진군하자는 격문을 전국에 보내 의병을 촉구했다.

그렇게 모인 1만여 명 의병으로 13도 창의대진소 연합의병부대가 꾸려졌고 총대장이 됐다. 그러나 1908년 1월 28일 부친의 별세 소식을 듣고 전권을 허위(許蔿)에게 물려주고 문경으로 내려가 부친상을 치르고 후일을 도모하고자 했다.

이 때문에 서울 동대문 밖 30리 지점까지 진격해 있던 선발 허위 부대는 후발 본대 도착 전에 우수한 화력을 갖춘 일본군에 패했고 13도 창의군의 서울 진공작전은 좌절됐다.

후일을 노렸던 이인영은 1909년 6월 7일 일본헌병에 체포돼 그해 9월 20일 순국했다. 1962년 건국훈장 대통령장이 추서됐다.

매국노 이완용 찌르고 24세에 순국한

이 재 명(李在明)

1886년 10월 16일~1910년 9월 30일

- 1910년 10월 1일 조선총독부 체제 출범

- 1910년 9월 30일 사형 집행

- 1910년 5월 18일 경성지방법원 사형선고

- 1909년 12월 22일 명동(明洞)성당 밖 대기,
  　　　　　　　　매국노 이완용(李完用) 저격

- 1909년 10월 26일 안중근의사, 이토 히로부미 처단 성공

- 1909년 1월 이토 히로부미 암살 계획 준비

- 1907년 10월 9일 정미7조약 강제체결 반발,
  　　　　　　　매국노처단 목적 귀국

- 1906년 3월 미국 본토 이주,
  　　　　　　공립협회 가입 항일 민족운동 동참

- 1904년 하와이 이민모집 응모, 노동생활

- 1903년 그리스도교도 입문

"공평치 못한 법률로 나의 생명을 빼앗지마는 국가를 위한 나의 충성된 혼과 의로운 혼백은 가히 빼앗지 못할 것이니, 한 번 죽음은 아깝지 아니하거니와 생전에 이룩하지 못한 한을 기어이 설욕 신장(伸張)하리라."

평양에서 태어난 이재명(李在明·1886~1910)은 1904년 미국의 노동이민회사 모집에 응해 하와이에 들렀다 1905년 을사늑약 뒤 1906년 미국 본토로 갔다.

미 샌프란시스코에선 1905년 안창호 중심의 공립협회가 창립돼 항일운동 중이었다. 협회에 가입한 그는 1907년 헤이그 밀사 사건 뒤 고종 강제퇴위와 군대해산 등 일제 폭거에 협회가 매국노 척결을 결정하자 귀국, 매국노 처단에 나섰다.

우선 이토 히로부미 통감 처단을 노렸으나 1909년 10월 안중근의 이토 암살로 대신 을사 5적인 총리대신 이완용 척결을 준비했다.

의거 직전 김구에게 "이완용을 위시하여 몇 놈을 죽이고자 준비 중"이라며 단도, 단총과 이완용 사진 등을 품속에서 꺼내 보였다.

1909년 12월 종현 천주교당(현 명동성당)의 벨기에 황제 추도식에 온 이완용을 칼로 찔렀으나 실패하고 붙잡혔다.

경찰이 공범을 묻자 "큰일을 하는데 무슨 놈의 공범이 필요하냐. 공범이 있다면 2천만 우리 동포가 모두 나의 공범이다"며 의연함을 보였다.

1910년 5월 사형선고 뒤 9월 30일 24세로 순국했다. 조선 패망(10월 1일) 전날이었다. 1962년 건국훈장 대통령장이 추서됐다.

조선독립 외치며 헤이그에서 삶을 마친

이 준(李儁)

1월 21일~1907년 7월 14일

- **1907년** 네덜란드 헤이그 제2회 만국평화회의 특사 파견
- **1906년** 국민교육회 회장, 대한자강회 가입
- **1905년** 상해서 귀국, 을사보호조약 폐기운동
- **1904년** 공진회 회장
- **1902년** 비밀결사단체 개혁당 조직
- **1898년** 일본 와세다대학 졸업
- **1895년** 법관양성소 입학
- **1888년** 함경남도 북청에 경학원 설립, 인재양성
- **1894년** 함흥 순릉참봉
- **1884년** 함경도시 장원 급제

"사람이 산다 함은 무엇을 말함이며, 죽는다 함은 무엇을 의미하는가? 살아도 살지 아니함이 있고, 죽어도 죽지 아니함이 있으니, 살아도 그릇 살면 죽음만 같지 않고 잘 죽으면 오히려 영생한다. 살고 죽는 것이 다 나에게 있나니, 모름지기 죽고 삶을 힘써 알지어라."

이준(李儁)은 1859년 함경도에서 태어나 조실부모하여 고아로 할아버지와 숙부로부터 한학을 배웠다. 1895년 처음 설립된 법관양성소에 들어가 뛰어난 성적으로 졸업, 한성재판소 검사보로 법관생활을 시작했다. 고위 관료들의 비리를 척결하고 사회정의 실현에 나서다 중상모략으로 2개월 만에 옷을 벗고 서재필 박사를 만나 협성회를 조직, 구국 활동을 하다 일본으로 건너가 와세다(早稻田)대학에서 학업을 마치고 귀국해 만민공동회 활동을 했다.

조정의 실정을 탄핵하다 투옥됐고 1902년엔 비밀결사인 개혁당을 만들었다. 또 러일 전쟁 뒤 일제의 내정간섭을 반대하는 시위운동을 벌였다. 친일세력의 일진회에 맞서 공진회를 조직, 회장을 맡아 맞대응하다 유배되기도 했다.

일제가 을사오적을 앞세워 국권을 강탈하자 을사조약 폐기상소 운동도 펼쳤다. 또 1907년 네덜란드 헤이그 만국 평화회의 개최에 맞춰 이상설, 이위종과 함께 특사로 파견됐다.

세계에 일제의 한국침략 야욕을 폭로했고 을사조약의 무효를 외쳤다. 일제의 방해로 그의 호소는 물거품이 됐고 1907년 7월 14일 격분을 참지 못하고 순국, 현지에 묻혔다가 1963년 서울 수유리 선열묘역에 안장됐다. 1962년 건국훈장 대한민국장이 추서됐다.

일제에 단식으로 저항, 순국한 퇴계 후손

이 중 언(李中彦)

1850년 2월 12일~1910년 10월 20일

- 2010년 8월 독립운동가 선정
- 1962년 건국훈장 독립장 추서
- 1910년 9월 9일 단식항거 이틀날 '경고문警告文' 남김
- 1910년 9월 8일 숙부 향산 이만도 단식 순국
- 1905년 매국노5적 처단 '청참오적소(請斬五賊疏)' 상소
- 1896년 연합의진의 예천회맹 참여, 일본군과 의병전투
- 1895년 선성의진(宣城義陣) 전방장
- 1892년 봉화 산속 은둔생활 시작
- 1880년 사헌부지평. 도산서원 통문(通文) 발의 11인에 참여
- 1879년 과거급제

"가슴에 품은 칼날 같은 마음/ 그 누가 이를 풀어 줄 수 있으랴/ 하늘마저 이미 끝나고 말았으니/ 죽지 않고서 또 무엇을 할까/ 내가 죽지 않고 있으니/ 향산옹(響山翁·자정순국한 이만도의 호)이 빨리 오라 재촉하네."

퇴계 이황의 12대 손으로 1850년 2월 안동시 도산면 토계리 하계마을에서 태어난 동은(東隱) 이중언(李中彦)은 1910년 8월 29일 나라가 송두리째 일제에 빼앗긴 한일병탄에 항거, 그해 10월 10일 단식에 들어가 27일 만인 11월 5일 순국했다.

잠시 관직생활도 했으나 그만두고 고향으로 내려온 그는 무너져가는 조선의 국운을 바로잡으려 영남만인소(1881년)에 앞장서고 의병(1895년)도 일으켰다.

그러나 나라를 잃자 "나라가 이 지경에 이르게 되었으니 내가 어찌 감히 살아있는 인간으로 자처하겠는가"라 탄식하며 집안 어른 향산 이만도 선생이 자정순국한 날, 단식에 들어갔다.

순국 직전 일본 순사들이 방문, 강제로라도 음식을 권할 것을 요구하자 그는 "저런 놈들을 빨리 쫓아내지 않고 뭘 하느냐. 내 당장 저놈들을 칼로 베어 죽이리라"며 꾸짖었다.

죽음에 이르면서도 기개를 잃지 않았다. 그를 기려 정부는 1962년 건국훈장 독립장을 수여했고, 2010년 8월의 독립운동가로 선정했다. 고향 안동에선 '나라위해 목숨바친 안동선비, 이중언'이란 특별기획전을 열고 기렸다.

동학군 진압한 아픔 겪은 독립운동가

이 필 주(李弼柱)

1869년 12월 22일~1942년 4월 21일

- 1934년 은퇴 후 수원 남양교회 중심 활동
- 1921년 11월 4일 공덕동 경성감옥 출옥
- 1919년 독립선언서 민족대표 33인 참가
- 1918년 정동교회 담임자 발령
- 1911년 협성신학교 입학
- 1907년 신민회 활동
- 1904년 공옥학교(攻玉學校), 상동청년학원 체육교사
- 1903년 스크랜튼 목사의 세례, 군대 제대
- 1894년 동학농민전쟁 시 농민군 진압군 동원
- 1890년 구한국 군대 사병 입대

"조선은 독립국이다. 조선인은 자주민이란 것을 생각하고 어디까지나 그 의사를 발표하려고 한 것이다. 우리들의 힘이 있는 한 조선의 독립에 다 함께 노력하자."

서울의 가난한 집안에서 태어나 13세 어린 나이에 생업전선에 뛰어들어야 했다. 아버지 사망, 흑사병으로 사경을 헤맨 수난, 생활고 등에 시달려야 했던 이필주(李弼柱·1869~1942)는 1890년 친구 권유로 구한국군에 사병으로 입대해 탈출구를 찾았다.

1894년 동학혁명 때 진압군이 되어 동족의 피를 보는 아픔을 겪었다. 1897년 결혼, 남매를 두었으나 1902년 전염병으로 잃고 회의와 좌절 끝에 감리교 의료선교사 스크랜턴이 세운 교회에 다니며 기독교에 귀의했고 전덕기 전도사를 만나 새 삶을 꿈 꾸었다.

1903년 군대도 그만 두었고 교회에 전념하며 학교교사(체육)로 활동했다. 1904년에 개교, 이승만이 교장으로 부임한 상동청년학원에서 전덕기(성경), 주시경(국어), 최남선(국사), 남궁억(영어) 등과 함께 자신은 체육 군사훈련 과목을 가르쳤다.

1907년엔 안창호, 양기탁, 이동휘, 이동녕, 이회영, 전덕기 등이 회원인 비밀결사조직 신민회에도 참여했다. 조선패망(1910년) 이후엔 목회자 길을 위해 신학을 공부했다.

1918년 정동교회 담임자가 됐고 1919년 3·1만세운동 땐 기독교 감리회 대표로 33인에 참가, 2년 옥고를 치렀다.

1921년 출옥, 목회활동과 민족의식 고취에 노력하다 1942년 4월 21일 생을 마쳤다. 1962년 건국훈장 대통령장이 추서됐다.

독립운동하고 국어학자로 삶을 마친
이 희 승(李熙昇)

1897년 4월 28일~1989년 11월 27일

- 1971년 1월~1981년 단국대학교 동양학연구소 소장
- 1966년 9월 성균관대학교 대학원 원장
- 1965년 9월 대구대학교 대학원 원장
- 1946년 서울대학교 교수
- 1945년 8월 17일 함흥형무소 출옥
- 1945년 1월 16일 조선어학회 재판판결(징역 2년 6개월)
- 1942년 10월 일제의 조선어학회 사건 연루 체포
- 1933년 한글맞춤법통일안 제정 참여
- 1930년 12월 13일 조선어연구회 참여
- 1925년 경성제국대학 제2기 입학

"나는 아무리 적은 액수라고 하더라도 남의 물품을 바라고 살지 않는다." "분에 넘치는 생활은 안 한다." "절대로 공짜를 바라지 않는다." "나는 내 힘으로 살아간다."

1896년 6월 9일 경기도 의왕에서 태어나 독립운동가로, 국어학자로 1989년 삶을 마칠 때까지 일석(一石) 이희승(李熙昇)은 평생을 이런 생활신조로 살았다. 어릴 적 한문을 배우고 서울에서 외국어학교에 다니다 1910년 나라가 망하자 학교 폐교로 졸업, 여러 학교를 옮겨다니거나 취업하는 등 고단한 시간을 보냈다.

1930년 경성제국대학 조선어학 및 문학과를 졸업, 학교에서 국어와 국문학을 가르쳤다. 조선어학회에 가입, 조선말 큰 사전 편찬과 한글맞춤법통일안 제정작업에도 참여했다. 1942년 일제가 일으킨 조선어학회 사건으로 3년 옥살이를 했다.

일제 패망 뒤 1945년 8월 17일 풀려나자 교수로 후진을 양성했다. 그의 대학강의 노트는 뒷날 '국어학개설'이란 책으로 나와 국어학 전공자의 입문서가 됐다. 또 10년 넘는 노력 끝에 1961년 국어대사전도 펴냈다. 4·19혁명을 맞아 교수시위에 앞장섰고 1965년엔 대구대학 대학원장으로도 지냈다. 우리 말과 글 사랑을 실천하고 지조와 청렴으로 일관된 삶을 살았고 후학을 위해 재산을 내놓았다.

'재단법인 일석학술재단'은 그렇게 탄생했고 2003년부터 우수 업적의 국어학자들에게 매년 6월 9일 '일석국어상'을 주고 있다. 1962년 건국훈장 독립장이 수여됐고 2012년 10월의 독립운동가로 뽑혔다.

일제 때 쿠바에서 민족 혼 일깨운

임 천 택(林千澤)

1903년~1985년

- 2013년 증손녀 한국 대학에 입학
- 2004년 유해를 대전국립현충원 이장
- 1997년 사회주의 국적(적성국) 첫 건국훈장애국장 추서
- 1938년 독립자금 모금, 군자금 지원
- 1932년 3월 10일 마탄사스에 청년조직 '청년학원' 설립
- 1930년 카르데나스에 천도교 쿠바종리원 개최
- 1923년 카르데나스에 진성국어학교 설립
- 1922년 마탄사스에 민성국어학교 설립,
  대한인국민회 서기 활동
- 1921년 쿠바로 재이주
- 1905년 어머니 따라 멕시코 유카탄 반도 이주

1905년, 조선이 망해갈 즈음 이 땅의 백성들은 살길을 찾아 태평양 건너 멕시코 유카탄 반도 애니깽(에네켄·가시 많은 식물인 용설란) 농장으로 팔려가기도 했다.

그리고 이들 중 일부는 다시 쿠바로 흘러들었다. 쿠바에 자리 잡은 조선인들은 1921년 한인조직을 만들었고 1922년 2월 18일 마탄사스라는 지역에 민성(民成) 국어학교를 세웠다.

1923년엔 카르데나스 지역에 진성(進成) 국어학교를 설립했다. 이역만리 타국에서 우리 역사와 말, 글을 잊지 않고 가르치기 위해서였다.

이 학교 교장으로 쿠바 한인들에게 조국을 잊지 않게 노력한 사람이 경기도 광주 출신의 임천택(林千澤·1903~1985) 지사다.

1905년 어머니를 따라 멕시코로 갔다 1921년 쿠바로 재이주한 한인이민 1세인 그는 1922년 대한인국민회 쿠바지방의회 서기로 활동하며 학교장으로 민족 교육운동을 벌였다.

1930년 3월 카르데나스에 천도교 쿠바종리원을 열고 교리사업과 민족혼 심기에 노력했다. 1938년부터 독립자금을 모금해 군자금을 지원했고 임시정부와의 연락 등 독립운동 활동에 헌신했다.

정부는 쿠바에서 생을 마친 그를 대신해 한국을 방문한 딸 마르타 림 씨를 통해 1997년 건국훈장 애국장을 추서했고 그의 유해는 2004년 봉환돼 대전국립현충원에 안장됐다.

유족은 2005년 8월 정부 초청으로 한국을 방문하기도 했다.

일제 손에 죽기 보다 자결을 선택한

장 진 홍(張鎭弘)

1895년 6월 6일~1930년 6월 5일

- 1930년 7월 사형선고 확정
- 1929년 2월 조선인 밀고로 체포, 대구 압송
- 1928년 1월 2차 폭탄투척 모의 실패, 일본 도피
- 1927년 10월 18일 조선은행 대구지점 폭탄 폭발
- 1927년 4월 일본인과 폭탄제조 모의
- 1919년 3·1운동 일제탄압 만행 조사활동
- 1918년 만주 봉천 항일 독립활동
- 1916년 12월 서울 이사,
        독립운동단체 광복단(光復團) 가입
- 1916년 조선보병대 졸업
- 1914년 3월 조선보병대(朝鮮步兵隊) 입교

"일제에 죽느니, 내 손으로 죽겠다."

경북 칠곡 인동 출신의 독립운동가 장진홍(張鎭弘)은 1895년 태어나 사형 선고로 옥살이 중 1930년 6월 30일 대구형무소에서 일제에 의해 죽느니보다 차라리 스스로 목숨을 끊겠다며 자결, 짧은 삶을 마쳤다. 1907년 일제의 강제 군대해산 후 황실경호 위한 조선 보병대에서 복무하다 1916년 제대해 비밀결사단체인 광복단에 가입, 독립운동에 나섰다.

1918년 만주로 망명, 러시아 등지를 전전하며 한인들에게 군사훈련을 시켰으며 만세운동(1919년) 이후 일제의 탄압을 조사, 기록으로 남겼다. 또 보다 적극적인 독립운동을 위해 전문가에게 폭탄 제조법을 배웠다. 직접 폭탄제조가 가능하자 일제의 탄압 앞잡이이자 수탈기관인 조선은행 대구지점과 조선식산은행 대구지점, 경북도청, 경북경찰부 등 폭파대상기관을 선정, 폭파계획을 세웠다.

첫 공격대상은 은행이었다. 1927년 10월 16일 고향 칠곡집에서 폭탄을 만들어 대구까지 운반, 선물상자로 위장하여 심부름꾼을 시켜 조선은행 대구지점에 전달했다. 은행원의 낌새로 건물 밖으로 치운 폭탄상자는 터져 경찰 등 6명에게 부상을 입혔다. 무사히 달아난 뒤 안동과 영천의 시설물 폭파도 노렸으나 실행하지 못했다. 수사망을 피해 오사카의 동생집에 숨었으나 경찰추적으로 1929년 체포돼 이듬해 재판에서 사형선고로 대구형무소 옥살이 중 자결, 순국했다. 1962년 건국훈장 국민장이 추서됐고 왜관에 순국기념비를 세워 추모하고 있다. 1995년 6월의 독립운동가로 선정됐다.

친일 스티브스 저격한
전 명 운(田明雲)
1884년 6월 25일~1947년 11월 18일

- 1930년 민족운동단체 동지회 가입 활동
- 1909년 7월 미국 재입국, 대한인국민회 가입 활동
- 1909년 연해주 안중근 의사 면담,
  안 의사 조직한 동의회(同義會) 가입 활동
- 1908년 6월 28일 사건발생 97일 만에
  증거 불충분 무죄 석방
- 1908년 3월 23일 일본앞잡이 미국인 스티브스
  권총저격, 불발 실패
- 1905년 항일 민족운동 단체 공립협회 가입
- 1904년 9월 23일 미국 본토 샌프란시스코 이주
- 1903년 1월 미국 유학길,9월 하와이 도착
- 1902년 관립 한성학교(漢城學校) 2년 수업과정 마침
- 1898년 10월 독립협회의 만민공동회(萬民共同會) 참관

친일 스티브스 저격한
장 인 환(張仁煥)
1876년 3월 10일~1930년 5월 22일

- 1975년 유해 조국봉환, 국립묘지 이장
- 1930년 5월 22일 미국 투병생활 중 자살
- 1927년 4월 일시 귀국. 평양에서 결혼,
  일제 감시로 홀로 미국 재입국
- 1919년 1월 17일 10년 옥살이 뒤 석방
- 1909년 2급 살인죄 25년 형기 결정,
  샌프란시스코 감옥 복역
- 1908년 3월 23일 일본앞잡이 미국인 스티브스
  권총저격, 성공
- 1906년 7월 미국 본토 샌프란시스코 이주
- 1905년 을사늑약에 대동보국회(大同保國會) 가입,
  독립투쟁 결심
- 1904년 하와이 노동이민 도미(渡美)
- 1894년 평양 잡화상 경영, 청일전쟁 체험

"일본이 한국을 보호한 후로 한국에 유익한 일이 많으므로 근래 한·일 양국인 간에 교제가 친밀하며, 일본이 한국 백성을 다스리는 법이 미국이 필리핀을 다스리는 것과 같고… 농민들과 백성은 예전 정부의 학대와 같은 대우를 받지 아니하므로 농민들은 일인들을 환영한다."

일제 앞잡이로 영화를 누린 미국인 친일파 더럼 화이트 스티븐스 (Durham White Stevens)은 한국식 이름이 수지분(須知芬)이었다. 1851년 오하이오 주 태생의 외교관 출신으로 1882년 주일 미국 공사관 근무로 일본과 인연을 맺었다.

후일 워싱턴 주재 일본 외무성 고문으로 일하며 조선과 악연을 시작했다. 일제 힘으로 1904년 대한제국 외부고문관이 됐고 1905년 을사늑약, 고종 강제 퇴위 등 일제의 강제병합 길을 트는 데 공을 세웠다.

그의 친일 행각은 미국에서 끝났다. 1908년 3월 23일 샌프란시스코 페리 역에서 교포 전명운(田明雲·1884~1947·사진 위)과 장인환(張仁煥·1876~1930·사진 아래)의 저격을 받아 3월 25일 절명했다.

그를 처단한 두 의사(義士)는 서로 몰랐다. 먼저 전 의사가 저격, 실패하자 장 의사가 다시 쐈다. 전 의사는 무죄 석방됐다.

장 의사는 25년 형기로 복역하다 1919년 1월 석방됐다. 전 의사는 미국에서 생을 마친 뒤 1994년 4월 국립묘지에 안장됐다. 장 의사는 조국 광복을 미처 못 보고 순국했다.

평생 여운형과 함께한 독립운동가

조 동 호(趙東祜)

1892년 8월 4일~1954년 9월 11일

- **1947년** 여운형 암살로 정치활동 중단 낙향
- **1947년** 사회노동당 후신 근로인민당 정치협의회 위원
- **1946년 2월** 유정정치학교(榴亭政治學校) 설립,
  사회노동당 가담
- **1945년 8월** 광복 후 조선공산당 조직참여,
  조선건국준비위원회 선전부장 선임
- **1944년 8월** 건국동맹(建國同盟) 조직
- **1928년** 상해 일본경찰에 체포, 옥살이
- **1919년 4월** 상해 임시정부 참여,
  임시의정원 충청도의원 국무위원
- **1918년** 독립운동단체 동제사(同濟社) 참여
- **1914년 2월** 중국 남경 망명, 금릉대학 입학
- **1908년** 경성측량학교 졸업

"일본 패망은 눈앞에 왔다." "김일성은 나이가 어려 철이 안 난 아해(아이)이다. 백성을 다 죽이고 어쩌자는 건가. 남북(南北)이 이제 원수가 됐으니 우리(남과 북)가 합(合·남북 통일)치려면 앞으로 100년은 족히 걸릴 것이다."

조선 노론 집안 출신으로 1912년 서울에서 일본 경찰의 부당한 조선인 대우에 맞서다 불법 감금과 구타를 당한 뒤 항일과 독립운동의 길에 나서게 된 조동호(趙東祜). 1892년 8월 4일 충북 옥천에서 태어나 항일투쟁 고문 후유증으로 고생하다 6·25전쟁이 끝나고 1954년 9월 고향에서 삶을 마쳤다. 사회주의 운동가로 1907년 만난 몽양(夢陽) 여운형(呂運亨)과는 평생 동지였다. 1914년 중국에 망명, 대학졸업 후 중국인이 운영하는 언론사 기자가 됐다.

1918년 몽양 등과 상하이에서 신한청년당을 조직, 1919년 파리 강화회의와 미국 윌슨 대통령에게 보낼 조선독립청원서를 작성했다.

1919년 대한민국 임시정부 수립에도 참여, 국무위원이 됐다. 뒷날 고려공산당에도 몸담았다. 1923년 귀국, 동아일보에서 활동했고 1925년 조선공산당 창당에 참여했다. 1928년 상하이에서 일본 경찰에게 붙잡혀 4년을 서대문형무소에서 보냈다. 1931년 출옥 뒤 중앙일보를 인수, 몽양을 사장으로 영입했다. 1941년 일본의 진주만 폭격에 일본 패망을 예견, 1944년 몽양과 경북 칠곡의 이수목(李壽穆) 등과 조선건국동맹을 창설했다. 1945년 7월 투옥됐으나 광복 다음 날 풀려나 몽양과 건국준비위원회를 조직, 함께 활동하다 몽양 암살 뒤 낙향했다. 2005년 건국훈장 독립장이 추서됐다.

광복 조국에서도 옥살이한 독립운동가

조 문 기 (趙文紀)

1927년 5월 19일~2008년 2월 5일

- 2014년 7월 조문기 선생 동상 제막식

- 1999년 민족문제연구소장

- 1983년 광복회 독립정신 홍보위원회 홍보위원

- 1959년 대통령 암살 · 정부전복 음모 조작사건 연루 고초

- 1948년 6월 남한 단독정부 수립저항 인민청년군 사건 연루 옥살이

- 1945년 광복후 대한애국청년당 재결성, 인민청년군 조직

- 1945년 7월 24일 친일어용대회 개최장소 부민관에 폭탄 투척

- 1945년 5월 대한애국청년당(大韓愛國靑年黨) 결성

- 1943년 5월 일본 가와사키에서 조선인멸시 규탄파업 주도

"조선인 멸시를 규탄한다."

친일파 송병준의 아들이 지원하던 경기 화성 양지보통학교에 다니다 일장기를 들고 환영행사에 동원되곤 했던 시절, 외할아버지의 우리나라 국기인 태극기 이야기를 듣고 학교 친구들에게 태극기에 대해 설명하다 선생의 호된 꾸지람으로 일제에 대한 저항을 다짐했던 소년 조문기(趙文紀). 일제 식민지배 속 1927년 오늘 태어나 1943년 일본의 한 회사에서 연수생으로 있던 시절, 조선인 멸시규탄 파업을 주도해 수배되는 등 핍박에도 일제에 맞섰다.

일본에서의 파업 주도 이후 국내로 들어온 뒤 1945년 5월 대일투쟁을 위해 동지들과 대한애국청년당(大韓愛國靑年黨)을 조직했고 그해 7월엔 친일파 거물인 박춘금(朴春琴)이 만든 단체가 서울 부민관(府民館)에서 아세아민족분격대회(亞細亞民族憤激大會)라는 친일어용대회를 연다는 소식에 이를 막으려 폭탄을 터뜨려 집회를 무산시켰다. 이후 은신하면서 야학당을 중심으로 활동하다 광복을 맞았다.

그의 삶은 광복 이후에도 고단했다. 남한 단독정부 수립 반대투쟁 활동으로 투옥돼 고초를 당했다. 1959년엔 이승만 대통령 암살 및 정부전복 조작사건 연루로 또다시 곤욕을 치렀다. 이후 광복회 일과 민족문제연구소장을 맡아 친일청산에 나섰다. 2008년 삶을 마칠 때까지 편치 않았던 세월을 보낸 독립운동가였다. '슬픈 조국의 노래'란 회고록을 남겼으며 1982년 건국포장, 1990년 건국훈장 애국장, 2008년 모란장이 수여됐다.

- 1950년 5월 ~ 1954년 5일 제2대 국회의원
- 1945년 대동청년단
- 1940년 한국광복군 총사령관
- 1931년 9월 한중연합군 총참모장
- 1930년 7월 한국독립당 한국독립군 총사령관
- 1925년 정의부 군사위원장, 사령장
- 1921년 고려혁명군관학교 교장
- 1920년 서로군정서 간부
- 1919년 신흥무관학교 교성대장
- 1904년 한국무관학교 입학

순국선열의 날 제안한 독립운동가

지 청 천(池靑天)

1888년 2월 15일~1957년 1월 15일

- 1945년 8월 광복 후 중국 중경에서 환국준비
- 1939년 5월 한국독립당 집행위원
- 1935년 11월 대한민국임시정부 비서장
- 1933년 3월 대한민국임시정부 내무장, 비서장
- 1932년 11월 대한민국임시의정원 국무위원
- 1921년 6월~1922년 2월 독립신문 편집국장
- 1919년 상해 망명
- 1911년 데라우치 총독 암살사건 체포, 옥고
- 1907년 대성(大成)학교 교사
- 1904년 숭실(崇實)학교 졸업

순국선열의 날 제안한 독립운동가

차 이 석(車利錫)

1881년 7월 27일~1945년 9월 9일

"온겨레 나라 잃고 어둠속에 헤매일 때/ 자신을 불살라서 횃불마냥 밝히시며/ 국내외 광복전선서 오롯이 목숨바친/ 님들의 그 충절이 겨레의 얼 지켰네// (후렴)우리는 순국선열을 우러러 기리면서/…"(구상, '순국선열을 우러러 기리며')

1905년 11월 17일 을사늑약 체결로 조선 국권은 사실상 일제에 강탈당했다. 국권 회복을 위한 의병활동 등으로 수많은 목숨이 희생됐다.

이들 순국선열을 기리려 대한민국 임시정부는 1939년, 11월 17일을 '순국선열의 날'로 정하고 기념했다. 매년 기념행사 때 부르는 노랫말은 구상 시인이 지었다.

이날 제정은 독립운동가인 임정 임시의정원 의원 백산(白山) 지청천(池靑天·1888~1957·사진 위), 동암(東巖) 차이석(車利錫·1881~1945) 등 6명의 제안으로 이뤄졌다.

일본 육사를 졸업, 제1차 세계대전 때 일본군으로 독일군과 싸웠던 백산은 1919년 만주로 망명해 독립군 양성, 청산리 전투 참여, 광복군 총사령관 등으로 광복 때까지 독립운동에 매진했다.

1962년 건국훈장 대통령장이 추서됐다.

동암은 안창호와 함께 민족정신 함양과 인재양성에 나섰고, 1911년 105인사건으로 3년간 옥살이했다. 1919년 3·1만세운동 이후 상해로 망명, 임정 의정원 의원 등으로 항일 활동을 벌이다 광복 이후 임시정부 환국 준비 중 중경(重慶)에서 병사(病死)했다. 유해는 서울 효창공원에 이장됐고 1962년 건국훈장 국민장이 추서됐다.

빈농의 아들에서 의병장으로 숨진

채 응 언 (蔡應彦)

1883년~1915년 11월 4일

- 1962년 건국훈장 독립장
- 1915년 9월 21일 평양복심법원, 사형선고 확정
- 1915년 7월 8일 평양헌병대 이송
- 1915년 7월 5일 군자금 조달 중 일경에 체포
- 1914년 12월 2일 일제 신문의 채응언 활약보도
- 1914년 11월 채응언 체포 현상금
- 1911년 김진묵 의병대 부장
- 1910년 함경도 등 일본 군경시설 습격
- 1908년 황해도 일본 군경시설 습격
- 1907년 이진룡 의병대 부장
- ? 대한제국 해산군인

"난신적자가 횡행하여 권세를 희롱하므로 송병준(宋秉畯)·이완용(李完用)과 같은 7적(賊)·5귀(鬼)의 살점은 2천만 동포가 모두 씹어 먹고 싶어 한다."

조선의 운명이 기울던 시절, 빈농(貧農)의 아들로 태어나 동학혁명과 열강의 침탈 속 일제의 침략 야욕이 노골화되던 세월을 만나 남다른 의협심의 의병장으로 구국 활동에 앞장서 매국노 처단을 외친 채응언(蔡應彦·1883~1915)의 격문(檄文)은 격렬했다.

조선총독부 기관지 '매일신보'(1914년 12월 2일 자)가 '적괴 채응언'이란 제목으로 "…남보다 건장하므로… 무뢰한의 두목이 되었고 위인이 총명하므로 항상 의협한 기운이 있는 일을 하고 빈민을 이용하여 부자를 협박하는 등…"이라 전할 만큼 의협 남아였다.

1907년 7월 의병부대에 투신, 능력을 인정받아 소모장(召募將) 직책으로 군사를 모으는 일을 했고, 1908년엔 매국노 질타와 항일 촉구 격문으로 3천 리 강토와 국권 회복을 호소했다.

의협심으로 불탔기에 '결코 함부로 인명 재산을 탈취하지 않고, 헐벗은 옷과 나쁜 밥(惡衣惡食)을 달게 여기고 부하와 침식을 함께하며 간 곳마다 털끝만치도 범하지 않았다.' 일제의 군과 경찰시설 및 통신시설 파괴, 친일파 처단 등으로 간담을 서늘케 했다. 워낙 민첩해 체포 전담반, 현상금, 사단병력 동원 등 일제의 총력 검거작전도 속수무책이었다. 그러나 군자금 조달 활동 중 1915년 7월 붙잡혀 그해 9월 15일 사형 선고 뒤 11월 평양감옥에서 순국했다. 1962년 건국훈장 독립장이 추서됐다.

경찰서에 폭탄을 던진 항일투사

최 경 학(崔敬鶴)

?~1921년 7월 8일

- 1963년 대한민국 건국훈장 독립장 추서
- 1921년 7월 12일 사형집행 언론보도
- 1920년 12월 밀양 경찰서장 훈시 조회장 폭탄 투척, 체포
- 1920년 9월 의열단원 박재혁의 부산경찰서 폭탄 투척
- ? 의열단 가입
- 1910년 한일합방 후 중국 망명
- ? 명정학교(明正學校) 졸업
- ? 동화학교(東和學校) 졸업

"밀양경찰서에 폭탄을 던진 최경학은 부산지방법원에서 무기징역의 판결언도를 받은 후…대구복심법원에서 사형의 언도를 받고 상고를 하였으나 기각이 돼 하는 수 없이 아침 이슬과 같은 목숨이 오직 교수대의 운명을 기다리고 대구 감옥에서 철창의 생활을 하며 오던바 지난 팔일 오후 세시에 대구감옥에서…사형을 집행하였다는데 최경학의 생명은 교수대에서 십삼분 만에 끊어졌다더라."(동아일보 1921년 7월 12일)

빼앗긴 조국 산하와 말살된 민족의 자유를 되찾기 위해 경찰서에 폭탄을 던졌다가 붙잡힌 항일투사 최경학(崔敬鶴·?~1921)은 1921년 7월 8일 삶을 마감했다.

밀양에서 태어나 수봉(壽鳳)이란 다른 이름을 가졌던 그는 1910년 나라를 잃자 중국 각지로 돌아다녔다. 그러던 중 길림성에 있을 때 의열단(義烈團)에 가입, 폭탄 제조법도 배웠다.

국내에서 지하 독립운동을 벌였던 그는 고향에 돌아와 1920년 9월 의열단원 박재혁(朴載赫)이 부산경찰서에 폭탄을 던진 소식을 듣고 그해 12월 밀양경찰서 폭탄 투척 거사에 나섰다.(박재혁도 대구복심법원에서 사형을 선고받고 복역중 단식하며 27세에 스스로 목숨을 끊었다)

폭탄은 불발돼 달아나다 경찰서 인근 민가에 들어가 자결을 시도했으나 경찰에 붙잡혔고 사형이 집행돼 대구에서 목숨을 잃게 됐다.

정부는 1963년 대한민국 건국훈장 독립장을 추서하고 그를 기렸다.

평양에 묻힌 한국 장군출신 천교도 지도자

최 덕 신(崔德新)

1914년 9월 17일~1989년 11월 16일

- 1989년 3월 천도교 청우당 중앙위 위원장
- 1986년 9월 북한 입국
- 1981년 6월 북한 평양 방문
- 1976년 2월 박정희 대통령과의 불화로 도미(渡美)
- 1967년 제7대 천도교 교령
- 1961년 10월~1963년 3월 외무부장관
- 1950년 미국 포트베닝보병학교 졸업, 6 · 25전쟁 참전
- 1949년 미국 포트릴리육군종합학교
- 1946년 육군사관학교 특별반 과정
- 1936년 중국 황푸군관학교(黃?軍官學校) 졸업,
    광복군 복무

"나와 최덕신은 70살이 지나서 서로 만났지만 지난날의 숙적이라는 관념은 조금도 없이 최동오 선생 슬하에서 애국의 넋을 키우던 그런 심정으로 해우도 감격적으로 하였고 공산주의와 천도교라는 리념 차이를 초월하여 한 민족, 한 혈육으로서 대화도 친밀하고 따뜻하게 나누었다."

김일성은 1994년 출간된 회고록 '세기와 더불어'에서 최덕신과의 만남을 소개했다.

또 '민족종교 천도교를 두고'란 항목에서 천도교와의 관련 인연을 밝히며 "민족의 얼이 맥맥히 살아 숨쉬는 동학리념, 천도교의 리념을 가지고 있다는 것은 민족의 자랑이다. 애국과 애족, 애민에 바쳐진 천도교 선렬들의 애국충정은 민족사에 길이 남아 있을 것"이라 했다.

독립운동가이자 천도교도였고 김일성 스승이었던 최동오 아들로 1914년 9월 17일 태어난 최덕신은 아버지처럼 민족독립운동에 참여한 군인이자 정치가였고 종교가였다.

광복 후 군인의 길을 걸은 그는 휴전협정 조인에도 참여했다. 외무부 장관, 대사 등 외교관 생활을 거쳐 1967년부터 천도교 교령으로 천도교 위상 정립에 앞섰다.

반공활동에도 전념했던 그는 천도교계에서의 실권 박탈과 박정희 정부와의 불화로 1986년 월북, 1989년 죽을 때까지 남한정부를 압박했다. 6·25 전후 북한에서 지내다 1963년 죽은 아버지와 함께 그는 평양 애국열사릉에 묻혔다.

레닌에 독립자금 요청한 최시형의 아들

최 동 희(崔東曦)

1890년 1월 4일~1927년 1월 26일

- 1926년 12월 고려혁명당 간부 대거 체포
- 1926년 4월 고려혁명당 창당, 중앙위원 선출
- 1925년 고려혁명당 결성준비 계획
- 1924년 2월 천도교최고혁명비상위원회 조직
- 1923년 연해주 망명
- 1922년 7월 고려혁명위원회 조직, 부위원장 겸 외교부장
- 1919년 9월 레닌만나 독립자금지원 요청
- 1919년 3 · 1 만세운동 후 중국 상해 망명, 독립운동

"그대가 최시형의 아들인가?" "귀국의 볼셰비키가 무력과 자금을 지원해 주면 우리들은 기꺼이 일본과 싸워서 조선을 광복시키겠으니 꼭 좀 도와주시오." "동학혁명 지도자 최시형의 아들이므로 먼저 조선에 돌아가시오. 거기서 천도교인들을 중심으로 한 공산당을 조직하면 자금은 원하는 대로 제공하겠소." "조선의 천도교도가 300만 명인데 한 사람당 1원씩만 내도 300만원입니다. 이를 담보로 무력과 자금지원을 미리 해주면 좋겠소."(최정간, '해월 최시형가〈家〉의 사람들')

1919년 9월 천도교 독립운동가 소수(素水) 최동희(崔東曦·1890~1927)는 모스크바에서 공산 혁명 지도자 레닌을 만났다. 동학 2대 교주 최시형의 아들인 그는 조국 독립을 위해 러시아 힘을 쓰려 했다. 레닌은 아시아, 특히 조선의 공산주의 구축에 민족 최대 종단 세력인 천도교가 필요했다.

동학혁명과 최시형 이야기는 당시 러시아인이 쓴 책(고려)으로 알려졌고, '죄인으로 몰려 사형 선고를 받은 동방의 탁월한 초인 최시형'이라 소개됐다.

해월과 어머니 손소희(손병희 여동생)의 장남으로 일본에 유학, 와세다 대학을 마치고 독립운동에 나섰다. 무장 항일 투쟁에도 참여했고, 대구 경찰에 삽혀 옥고도 치렀다.

1922년 천도교 독립운동단체인 고려혁명위원회 조직에서 일했고, 1926년 고려혁명당을 조직해 독립운동을 하다 1927년 1월 26일 상해에서 폐병으로 삶을 마감, 1월 27일 상해에 묻혔다.

동학의 씨앗을 싹 틔우고 순도한

최 시 형(崔時亨)

1827~1898년 6월 2일

- 1898년 5월 24일 체포, 서울로 압송

- 1894년 9월 동학교도 총기포령 하달

- 1893년 교조(최제우)신원 광화문 복합상소

- 1888년 2월 손병희 누이동생과 혼인

- 1883년 8월 동학 한글경전집 '용담유사' 발간

- 1880년 5월~6월 동학 한문경전 '동경대전' 100권 발간,
  인출완료

- 1875년 10월 본명 '경상'을 '시형'으로 개명

- 1871년 3월 동학교도 영해부 습격, 도피 생활

- 1863년 8월 14일 동학교조 최제우의 천도교 도통 전수,
  대도주 임명

- 1860년 천도교 입도

"… 우리 교회의 제일세 스승이신 최제우(崔濟愚)는 서학의 지목이 있어 갑자년(1864년) 3월에 참형을 받았고, 제이세 스승이신 최시형(崔時亨)은 좌도난정이란 율로 무술년(1898년) 6월에 서울에서 교수형을 받았으니… 임금님께 아뢰셔서 우리 교의 두 스승으로 하여금 특별히 용서하는 성전을 입게 하심을 엎드려 바라나이다. 광무 11년(1907년) 2월 16일 천도교주 손병희(孫秉熙) 글을 올립니다. 참정대신 박제순 각하."

해월(海月) 최시형은 동학 창시자 수운(水雲) 최제우처럼 경주에서 1827년 태어나 스승(최제우)으로부터 죽음 직전 도통을 이어받아 평생을 도망 다니며 동학을 전파, '최보따리'로 더 유명했다.

관(官)을 피해 숨어다니며 동학을 민중에게 퍼뜨려 대중화하는 데 신명을 바쳤다. 처형 직전인 1897년 처남인 손병희에게 다시 도통을 물려주고 1898년 7월 21일 교수형으로 생을 마쳤다.

한시도 편안한 날이 없었지만 해월은 스승이 남긴 동학 정신과 글을 고스란히 보관해오다 1880년 '동경대전'(東經大全)을 발간한 데 이어 1881년에는 '용담유사'를 펴내어 동학을 기록으로 남겼다.

일찍 부모를 잃고 가난과 사회의 핍박에 시달렸으나 평등세상을 위해 목숨을 버린 순교자였다. 스승이 씨를 뿌리고, 해월이 싹을 틔운 동학은 천도교 3대 교주 손병희에 의해 뒷날 항일 독립운동의 밑거름이 됐다.

1907년 손병희는 조정에 천도교 1, 2대 교주의 억울한 죽음의 신원(伸寃)을 호소하는 상소문을 올렸고 이에 두 사람은 신원됐다.

일제에 저항한 아나키스트, 철학자

하 기 락(河岐洛)

1912년 1월 26일~1997년 2월 3일

- 2002년 6월 8일 경남 함양군 안의면 안의공원에 학덕비 건립
- 1963년 한국칸트학회(현 대한철학회) 설립, 초대회장
- 1951년 안의고등학교 설립
- 1946년 4월 고향에서 전국 아나키스트 대회 개최,
  권력의 지방분산 등 촉구
- 1945년 광복 후 한국농민조합 창설, 조합장 취임
- 1940년 일본 와세다대 철학과 졸업
- 1939년 12월 반일 항일활동으로 6개월 옥살이
- 1937년 동경 상지대 예과 수료
- 1933년 편입학한 중앙고보 졸업, 일본 밀항
- 1929년 광주학생사건 연루,
  경성 제2고등보통학교 졸업반 퇴학

"한 손에 실존적 자유의 깃발을/다른 손에 인간적 해방의 깃발을/높이 쳐들고/일생을 통한 뜨거운 열정으로/이론과 실천을 하나로 어울러/이 나라 현대철학의 제1세대 학자로서/최고봉을 이루셨던 분/이곳 안의 출신의 허유 하기락 선생이시다."

1912년 경남 함양군 안의에서 태어나 대구에서 1997년 어제 생을 마감한 허유(虛有) 하기락(河岐洛) 박사는 아나키스트 활동으로 잘 알려진 인물이다.

일제엔 저항도 마다치 않았다. 1929년 광주학생 사건 연루로 경성 제2고등보통학교 졸업반에서 퇴학 돼 경성 중앙고보에 편·입학, 1933년 겨우 졸업했다.

졸업 후 밀항, 일본 동경 상지대 예과 수료 뒤 와세다대학에 진학했다. 유학으로 그는 아나키스트의 길로 들어섰고 항일 정신은 여전했다. 그는 와세다대학 한인동창회 모임에서 창씨개명과 조선말 사용금지 등 일제 조선정책을 비판했다.

1939년 2월 4일 붙잡혀 옥고를 치렀고 1945년 광복 후 한국농민조합장에 당선돼 농민운동에 앞장섰다. 1946년 4월엔 고향에서 전국 아나키스트대회를 열고 권력의 지방분산 등을 촉구했다.

1963년엔 경북대에서 설립된 한국 칸트학회(현 대한철학회) 회장을 맡는 등 한국철학계의 선구였다. 1989년엔 국제아나키스트연맹 한국대표도 지냈다.

영남대·경북대·계명대 교수 등으로 대구가 주무대였지만 학덕비는 고향(안의 공원)에 세워졌다.

일제 징집에서 탈출한 독립운동가

한 성 수(韓聖洙)

1920년 8월 18일~1945년 5월 13일

- **1977년** 건국훈장 독립장 추서
- **1963년** 대통령 표창
- **1945년 5.13** 참수형 순국
- **1945년 3월** 밀고에 의해 체포, 사형선고
- **1944년 11월** 상해 일본군 최고사령부
  주둔지 침투작전참여
- **1944년 3월** 학도병생활 일본군병영 탈출,
  광복군 입대

"일제의 제물이 되기보다는 죽어도 꼭 탈출하겠다."

일제 치하 일본에서 대학에 다니던 중 학도병으로 일본 군대에 강제로 끌려갔던 독립운동가 한성수(韓聖洙)의 각오였다.

1920년 8월 18일 평북 신의주에서 태어나 일본의 대학에 진학, 독립운동 관련 책을 읽다 들켜 정학됐다. 1944년 초 일제에 의해 강제로 학도병으로 징집돼 평양에서 기본 훈련 뒤 중국 내 일본군 부대에 배치됐다.

1944년 3월 일본군대 탈출에 성공해 한국광복군 제3지대에 입대, 교육훈련 뒤 장교로 임관했다. 일본군 후방 공작에 투입돼 광복군 대원 모집에 나서 많은 한국인 청년들을 광복군에 입대시켰다.

또 상해 주둔 일본군 내 젊은 한국 국적 장병에 대한 은밀한 초모(招募)공작도 벌였다. 그러나 상해 거주 한국인 갑부 손창식에게 군자금 제공을 요청하는 과정에서 1945년 3월 일본군 헌병대에 체포됐다.

혹독한 고문도 견뎠고 군법회의에서 일본인 재판장이 "대동아 전쟁을 어떻게 보는가"라고 묻자 "일본은 이 전쟁에서 기필코 패전한다. 그때 가서 대한민국을 독립시키지 않은 것을 후회할 것이다"라며 재판장을 오히려 나무랐다.

또 "왜 일본어를 쓰지 않는가"란 물음엔 "나는 한국인이다. 나의 국어는 오직 한국말뿐"이라 했다. 사형선고로 1945년 5월 13일 참수형으로 순국, 짧은 삶을 마쳤다. 1977년 건국훈장 독립장이 추서됐고 2005년 5월 '이 달의 독립운동가'로 뽑혔다.

서대문 형무소 첫 순국 인물
허 위(許蔿)

1854년 4월 1일~1908년 9월 27일

- 1908년 6월 11일 은신처에서 일제에 체포
- 1908년 1월 전국의병연합체 13도창의군 군사장, 동대문앞 진격
- 1907년 9월 연천, 적성, 철원 등지 무대 의병재기
- 1905년 7월 13일 일제 헌병 감시하 강제귀향 조치
- 1905년 3월 11일 재구금
- 1905년 3월 2일 비서원승 임명
- 1905년 1월 일제 헌병대에 구금
- 1904년 8월 평리원서리재판장(현 대법원장 서리) 임명
- 1899년 천거로 관직진출
- 1896년 3월 26일 김산의병진 의병 때 참모장 활동

구미 임은동엔 김해 허씨 집안의 독립운동가 허위(許蔿)를 기리는 기념관이 있다. 기념 공원이 만들어진 생가를 마주 보며 경부고속도로 옆 야산 중턱에 있다.

일제에 맞서 13도 의병으로 서울진공에 나섰다 1908년 6월 11일 (음력) 오전 7시 경기도 영평군 서면 유동(현 포천군 일동면 유동리)에서 일본 헌병대에 붙잡혔다. 사형선고 뒤 그해 9월 27일 서대문형무소에서 운명, 이곳의 첫 순국 인물이 됐다.

기념관에서 가까운 오태동엔 한때 절이었다 지금 식당이 된 한옥이 있다. 허위 제자 항일의사 박상진의 총에 맞아 1917년 죽은 친일파 부호 장승원 공적비가 있는 곳이다. 아들 장택상 전 총리가 살던 집이다.

한강 이남 최고 갑부였고 허위 덕에 경북도관찰사까지 지냈지만 독립자금 요청을 거절, 결국 암살됐다. 왕산 4형제와 4촌 형제뿐 아니라 후손도 독립운동에 가담했고 해외로 뿔뿔이 흩어져야 했다.

"할아버지 곁에 묻히고 싶다"며 국적을 회복, 지난해 10월 서울에 정착한 허위 손녀 허로자(88) 할머니 등 이 후손들은 2009년 기념관 개관 때 허위 사후 100년만에 만나 눈물의 해후를 했다.

지금도 구미에 가면 일제가 남긴 엇갈린 운명의, 혼맥도 있던 두 집안 두 인물의 흔적에 격세지감을 느낀다.

독립운동하다 순국한 현진건의 형

현 정 건(玄鼎健)

1887년 6월 29일~1932년 12월 30일

- 1932년 6월 10일 4년 3개월 만기 출옥
- 1928년 3월 상해 일본영사관 경찰에 체포, 국내 압송
- 1927년 4월 한국유일독립당 상해촉성회 집행위원
- 1925년 1월 임시의정원 경상도의원
- 1921년 상해파 고려공산당 창당 참여
- 1919년 대한민국임시정부 임시의정원 의원
- 1919년 2월 서울잠입, 일본경찰 체포뒤 3월 중순 석방, 출국
- 1918년 동생 현진건과 상해생활
- 1910년 결혼후 단독 상해출국
- 1905년 상경, 친일파 숙부집 기거하며 배재학당 다님

"빙허(현진건의 호)는 사형제인데…숙씨(叔氏·셋째 형)는 정건인데 상해에서 독립운동을 하다가 일본영사관 경찰에 체포되어 조선으로 이송된 후 평양에서 옥사한 분이다. 정건은…육국(六國) 말을 통하는 천재적인 인물이라고도 알려진 사람이다…대구 명기로 독립운동의 높은 뜻을 품고 상해로 건너간 여장부 현계옥(玄桂玉)과의 염문으로도 이름이 드러난 사람이다…부인은 윤치호의 7촌 질녀(윤덕경)인데…남편의 옥사하였다는 비보를 듣고 남편의 뒤를 따라 순사(殉死)한 열녀이다."(백기만의 '씨 뿌린 사람들' 중)

1893년 대구에서 태어나 중국, 소련 등지를 돌며 독립운동을 하다 일제에 붙잡혀 옥고를 치르다 1932년 12월 30일 삶을 마친 현정건(玄鼎健)은 소설가 빙허의 형이다.

1910년 결혼, 상해로 건너가 임시정부의 경상도 의원으로 뽑혀 활동하는 등 일찍부터 독립운동에 몸을 바쳤다. 1920년 고려공산당에 입당, 사회주의 계열 독립운동가로 임시정부 내 계파 간 이견 조정에 힘쓰는 등 민족 우선의 독립운동과 민족 독립운동의 구심점을 하나로 하려 애썼다.

1928년 상해 일본 경찰에게 붙잡혀 징역 3년의 옥살이를 하며 1932년 6월 만기 출옥한 뒤 후유증으로 생을 마쳤다.

부인은 시동생(현진건)에게 "죽은 몸이라도 형님과 한자리에서 썩고 싶으니 같이 묻어달라"는 유서를 남기고 자살했다.

박정희에 영향을 준 공산주의 독립운동가

현 준 혁(玄俊赫)

1906년 5월 13일~1945년 9월 28일

- 1945년 9월 조선인민공화국 중앙인민위원회 후보위원 선출
- 1945년 8월 광복 후 조선공산당 평안남도지구위원회 책임비서
- 1936년 2월 경성지방법원 징역 3년 6월 선고
  서대문형무소 옥살이
- 1934년 9월 부산에서 조선공산당 재건운동 참여
- 1932년 12월 대구지방법원 징역 2년 집행유예 5년
- 1932년 2월 사회과학연구그룹 사건으로 휴직
- 1931년 문맹퇴치 목적 야학 설치
- 1930년 교내 비밀결사 사회과학연구그룹 지도
- 1929년 경성제국대학 법문학부 철학과 졸업,
  대구사범학교 교사
- 1924년 연희전문학교 문과 졸업

일제 치하 대구사범학교에서 교육받던 박정희 전 대통령에게 영향을 준 현준혁(玄俊赫·1906~1945)은 공산주의 계열의 독립운동가였으며 광복 이후 비운의 짧은 삶을 마감했다.

평안남도 개천(价川)에서 태어나 연희전문학교 문과를 거쳐 경성제국대학 법문학부를 졸업한 수재였던 그는 1920년대 당시 분위기처럼 학생시절 사회주의운동에 관심을 기울이고 있었다.

학교를 마치고 대구사범학교 교사로 근무하던 시절인 1932년 4월엔 학생들과 항일 동맹휴학을 주도했고 학생들의 독서모임을 이끌며 독립의식을 고취하다 적발돼 그해 12월 2일 다른 사람들과 함께 소위 '4대 비밀결사사건'의 주인공으로 공판을 위해 대구지방법원의 재판정에 섰다. 4대 비밀결사사건은 '대구사범 현준혁 교유(敎諭)의 적화(赤化)계획사건 대구고보(高普)의 사회과학연구회사건·반제반전(反帝反戰)삐라사건·대구상업학교의 프로과학조선 제1호지국사건'으로 당시 언론을 장식했다. 그는 이 사건으로 6년간 복역했고 교직에서 파면됐고 출옥 뒤 공산주의 활동 등으로 여러 차례 감옥을 들락거렸다.

사회주의로 학생들에게 독립의식을 일깨웠고 해방 후 여운형(呂運亨) 조만식(曺晚植)과 활동을 같이하는 등 비교적 유연한 입장으로 북한의 진보적 지식인들로부터 김일성보다 더 명성을 얻었다.

하지만 1945년 9월 28일 조만식과 함께 소련군정장관 로마넨코가 머물던 사령부 방문 뒤 돌아가다 평양시청 앞에서 괴한의 총격으로 삶을 마쳤다.

항일 독립전투에서 대첩을 거둔

홍 범 도 (洪範圖)

1868년 8월 27일~1943년 10월 25일

- **1937년** 스탈린 한인 강제이주정책으로 카자흐스탄 이주
- **1921년** 레닌정부 협조로 고려혁명군관학교 설립
- **1920년** 대한독립군 총사령관. 봉오동전투 승리
  청산리전투 승리
- **1919년** 대한독립군 편성, 본격 무장항일 운동 전개
- **1911년 5월** 연해주 권업회 창립 참여
- **1910년** 연해주의 13도의군(義軍) 조직에 참여
- **1908년** 만주망명, 항일 독립전투 계속
- **1907년 11월** 산포대(山砲隊) 조직
  일본군과 유격전 벌여 승리
- **1895년** 파계 환속. 11월 의병봉기 활동, 일본군 사살
- **1890년** 금강산 신계사(神溪寺) 수도생활

일제 지배에 항거한 독립군의 전투 가운데 중국에서 벌어진 봉오동 전투와 청산리 전투는 우리 민족에게 그야말로 '대첩'(大捷)으로 불릴 만큼 큰 승리를 안겨주었다. 이 두 전투에 크게 활약한 인물로 빠질 수 없는 주인공이 바로 홍범도(1868~1943)다. 포수 출신으로 '나는 홍범도'란 별명으로 더 잘 알려진 그는 의병장이 된 이후 일본군과는 37회 전투를 치렀다.

홍 의병장은 70여 명의 포수를 모아 1907년 11월 15일 함경도 북청에서 의병을 일으켜 그 이튿날부터 곧바로 북청지역 친일파 소탕에 나서 일진회 회원 색출과 처단 활동을 벌였다.

홍 의병장은 이어 그해 11월 25일 후치령(厚峙嶺)에서 일본군과 첫 전투를 벌였다. 이튿날인 11월 26일까지 이어진 전투에서 홍 의병장은 일본군 9명을 사살하는 성과를 올리면서 일본군과의 길고 긴 전투를 시작했다.

일본군은 그가 이끄는 의병부대 포수들의 정확한 사격과 뛰어난 기동력, 날랜 비호처럼 이동하는 유격전에 큰 타격을 받았다.

그의 의병대는 함경도에서 산포수로 살아가던 함경도 북청 등의 직업적 포수들이 들고일어난 의병이었다.

후치령 전투 이후 홍 의병장이 펼친 수많은 항일 독립전투 가운데 1920년 두 차례 치른 봉오동(6월), 청산리(10월) 전투에서의 대첩은 독립 전투사에 길이 빛날 승리로 기록되고 있다.

망국에 검사 자리 그만두고 독립운동에 나선

홍 진(洪震)

1877년 8월 27일~1946년 9월 9일

- **1946년 2월** 전국적 반탁운동단체 비상국민회의 의장 선출
- **1940년** 한국광복군 창설, 총사령부 설치
- **1937년 7월** 한국광복진선(韓國光復陣線) 조직
- **1930년 7월** 한국독립당 조직,
  군민회의(軍民會議) 부위원장 선임
- **1926년 7월** 임시정부 국무령 임명
- **1923년** 대한민국임시정부 법무총장 선임
- **1919년 4월** 3 · 1운동 가담후 한성임시정부(漢城臨時政府)
  법무차장 선임
- **1910년 8월** 패망 후 검사직 사임, 변호사 개업
- **1905년** 충청북도 충주재판소 검사 전임

1898년 법관양성소 졸업, 한성평리원(漢城平理院) 주사 임명

"우리가 요구하는 바는 망령되게 공상을 꾀하여 오로지 타력(他力)에 의지하고자 하는 것이 아니다. 우리나라는… 10여년을 와신상담하여 왔음은 독립 자치의 능력이 있다고 하는 확신 때문이었다. 금일에 이르러 근본적 해결을 하지 않고 오직 지엽적 미봉에 그친다면 평화 실현의 날은 없을 뿐만 아니라 침략자의 편리를 조장하는 결과에 이를 것이다."

편모 밑에서 독학, 검사가 됐으나 조선 패망 후 독립운동에 나선 홍진(洪震·1877~1946)이 1921년 미국·영국·프랑스·일본 등의 워싱턴 태평양 회의 때 제3대 대한민국 임시의정원 의장으로서 각국 대표에 보낸 독립청원서다.

1898년 법관양성소를 졸업, 판사와 검사로 있다 1910년 경술국치 후 사직, 변호사로 독립운동가 변호와 변론을 맡았다.

3·1운동 참여 뒤 자주독립국가 건설을 위한 한성정부(서울) 조직에 나섰고, 대한민국 임시정부(상해), 국민의회정부(러시아)의 통합과 통일 임시정부 구성에 앞장섰다.

1926년 7월 제4대 국무령에 추대됐고 1930년 7월 길림에서 한국독립당을 창당했다. 1931년 일제 만주침략 이후 당의 한국독립군과 중국 항일구국군의 한중 연합작전을 전개토록 했다.

1940년엔 한국독립당 결성, 광복군사령부 창설과 광복군 편성에 참여했다. 광복 뒤 귀국, 반탁운동과 건국사업에 힘쓰다 1946년 9월 9일 숨졌다.

1962년 건국훈장 독립장이 추서됐다.

일제 처단과 조선총독부 폭파에 앞장선

황 상 규(黃尙奎)

1890년~1931년 9월 2일

- 1929년 10월 조선어사전편찬회 발기인 참여
- 1927년 12월 19일 신간회 밀양지회장 선출
- 1926년 4월 24일 감형에 따른 경성형무소 만기 출옥
- 1920년 6월 21일 징역 7년형 선고
- 1920년 6월 밀양폭탄사건 연루로 경찰에 체포
- 1919년 대한독립의군부 재무담당, 의열단 결성 참여
- 1918년 만주 길림 망명
- 1914~1915년 비밀결사 광복단, 대한광복회 가입
- 1913년 항일 비밀결사 활동
- 1908년 밀양에 고명학원 설립

"나는 죽어도 집에서 죽지 않고 대중을 위하여 일하다 밖에서 죽겠다."

'조선독립을 희망, 의열단을 조직, 무기를 반입하여 조선총독부 요인, 대관, 친일 조선인을 암살하고 중요 관공서를 파괴하여 일반의 인심을 자극, 조선 독립에 경주하도록 하고 친일 분자에게 위협을 주기 위해 준비하는 등 치안을 방해한 자'로 몰려 1921년 7년 옥살이 뒤 1931년 9월 2일 죽을 때까지 짧은 삶을 독립운동에 매진한 황상규(黃尙奎·1890~1931).

일찍 고향에서 역사책을 지어 가르치는 등 교육사업을 시작했고, 1913년 경북 풍기에서 시작된 대한광복단(大韓光復團)에 들어가 대구 친일 부호 장승원(張承遠) 사살 활동에도 참여했다.

일제 감시 탄압으로 1918년 길림(吉林)으로 망명했다. 1919년 북로군정서(北路軍政署)에서 활동했다. 같은해 김원봉(金元鳳) 곽재기(郭在驥) 등과 의열단(義烈團)을 조직, 이듬해 일제 응징과 친일 매국노 암살, 조국 독립을 위해 국내로 잠입했다.

동료들과 무기를 밀양에 숨겨두고 조선총독부 폭파 계획을 세우다 조선인 경찰(김태섭 등)에 잡혀 소위 '밀양폭동(폭파)사건' 주모자로 이름을 알렸다.

밀양은 1919년 3·1운동 때 150여 명이 무차별 사격에 학살된 곳인데 그는 출옥 뒤에도 고향을 지키며 신간회 서기장, 조선어학회 간부 등으로 독립운동에 목숨을 바쳤다. 1963년 건국훈장 독립장이 추서됐다.

광복 71주년

역사 속 榮(영)辱(욕)의

인물들

2부

어둠이 되다

친일의 삶

친일에서 납북으로 생을 마친 시인

김 동 환(金東煥)

1901년 9월 21일~?

- **1950년** 6 · 25 전쟁 중 납북
- **1942년** 황국신민화운동 활동
- **1941년** 국민총력조선연맹문화부위원, 조선문인협회 회원
- **1939년** 조선총독의 글, '삼천리' 게재
- **1938년** 자매지 '삼천리문학(三千里文學)' 간행
- **1929년 6월** 종합잡지 '삼천리(三千里)' 운영
- **1925년** 제1시집 '국경의 밤' 발간
- **1924~1927년** 동아일보 · 조선일보 등 기자생활
- **1921년** 중동중학교 졸업, 일본 도요대학 영문학과 진학
- **1913년** 경성보통학교 졸업

"아하 무사히 건넜을까?/이 한밤에 남편은/두만강을 탈없이 건넜을까/ /밤새가며 속태우는 젊은 아낙네/물레 젖는 손도 맥이 풀려서/파하고 붙는 어유(魚油) 등잔만 바라본다/북국(北國)의 겨울 밤은 차차 깊어 가는데."

두만강의 겨울 밤을 배경으로 하면서 밀수하러 간 남편을 불안하게 기다리는 아내 마음을 담은 시로, 일제 치하 살벌하고 강압 지배에 신음하는 우리 민족의 비애를 그려낸, 우리나라 최초 서사시인 '국경의 밤'이다. 작자인 문인 파인(巴人) 김동환(金東煥·1901~?)은 민족주의적인 글을 썼으나 결국 친일에 물들고 말았다. 동아일보와 조선일보사 기자를 지냈고 1929년엔 종합잡지 '삼천리'(三千里)를 만들었는데 친일잡지로 전락했다.

1938년엔 '삼천리문학'이란 문예지를 발간했다. 광산부자 방응모가 언론사를 인수, 친일행각을 벌일 때 '삼천리'는 1934년 4월호 '신문사 사장의 하루-방응모씨'라는 글에서 "…저녁이면 사교관계로 명월관, 식도원으로 돌아다니며 재벌과 대관 집을 찾기도 하고… 천도(川島·가와시마 요시유키) 군사령관의 저녁 초대를 받고 갔다가 돌아와서는 고사포도 기부하고…"라고 고발했다.

중일전쟁 뒤 전시체제가 되자 1941년 8월 25일 부민관에서 열린 친일단체인 임전대책협의회 결성에 앞장섰고 국민총력 조선연맹 문화부 위원 등으로 시, 강연 등을 통해 전쟁협력에 나섰고 황국신민화운동 등 친일 행위를 서슴지 않았다. 광복 후 반민특위에 의하여 공민권 제한을 받았고 1950년 6·25 때 납북됐다.

친일 반일 애매모호로 세상을 누린

김 윤 식(金允植)

1835년~1922년

- 1919년 독립요구 대일본장서(對日本長書) 제출
  옥살이. 자작작위 박탈
- 1916년 경학원대제학(經學院大提學) 임명
- 1910년 10월 16일 일본정부 자작 작위
- 1908년 중추원 의장 역임
  훈일등태극장(勳一等太極章) 수여
- 1907년 7월 일진회(一進會) 간청 등으로 유배해제
- 1898년 1월 제주목 유배
- 1895년 6월 강화부유수 임명
- 1887년 유배 조치
- 1884년 갑신정변에 청나라군 지원요청
- 1874년 문과 급제

'불가불가'(不可不可)의 해석은?

'불가하다'를 강조한 것일 수 있고, '불가불(不可不·어쩔 수 없이) 찬성한다'라는 뜻도 되는 표현이다. 조선과 일제 때 고관대작을 지낸 김윤식(金允植·1835~1922)이 1910년 8월 19일 한일 강제합병을 앞두고 열린 어전회의에서 낸 의견이었다.

애매모호한 입장으로 병탄(倂呑) 후 일제의 자작 직위와 은사금 5만원을 받았다.

사람들이 "이리 붙고 저리 붙는 주의를 가지고 영위영작(榮位榮爵)을 얻는 터로 일면 조선인을 속이고 타면으로 일본인을 속인 자"라고 욕한 이유였다.

1882년 임오군란 때 청나라 군대 파병을 요청했고 난 수습에 일조해 중용됐으며 1884년 갑신정변 때도 청의 위안스카이(袁世凱)에 구원을 요청해 정변을 수습했다. 친청파(親淸派)였으며 정쟁으로 유배 등 우여곡절을 겪으며 일제 앞잡이로 변신했다.

1919년 3·1운동 이후엔 '조선독립청원서'를 제출, 2개월 감옥살이 하는 등 때늦은 '만절'(晚節)로 독립운동 참가자처럼 오해하는 시각도 있었다.

그는 '조선의 대문장' 문장으로 이름이 일세에 높은 운양(雲養 김윤식의 호) 노인'이란 평도 받았고 작품집 '운양집'은 일제 학사원(學士院)상까지 받았다.

1922년 1월 21일 숨진 그의 장례가 첫 '사회장'(社會葬)으로 추진되다 격심한 찬반 대립 끝에 결국 가족의 요청으로 취소됐다.

·

일제와 방곡령 협상했던 친일파

민 종 묵(閔種默)

1835년 2월 14일~1916년 7월 20일

- 2006년 친일반민족행위 106인 명단 등재
- 1912년 일본정부의 한국병합기념장 수여
- 1911년 한일강제병탄 축하 신문기고문 발표
- 1910년 한일강제병탄 이후 남작작위
- 1905년 을사조약 찬성신하 처벌 주장
- 1897년 러시아에 절영도(絶影島) 조차시도,
  독립협회 탄핵
- 1892년 일본과 방곡령 피해문제 협상
- 1889년 독판교섭통상사무(督辦交涉通商事務)
- 1881년 신사유람단으로 일본 외무성 시찰
- 1876년 서장관(書狀官)으로 청나라 방문

1876년 일본과 수교 이후 쌀과 콩 등 우리 곡물은 계속 일본으로 유출됐다. 국내 곡물 비축량은 갈수록 부족, 식량난이 가중됐다.

흉년에 백성은 굶주렸다. 1889년 함경도관찰사 조병철, 조병식은 5월과 10월 방곡령을 내렸다. 조병식은 원산(元山)항을 통한 곡물 수출도 금지시켰다.

곡물거래로 재미 봤던 일본 무역상의 타격에 대한 일본 항의로 조정은 굴복, 조병식을 강원도관찰사로 쫓고 방곡령을 해제했다. 그러나 1890년 황해도관찰사 오준영도 방곡령을 내렸다.

일본은 이들 방곡령 피해 대책을 요구했다. 1892년 4월 22일부터 시작된 일본 공사 가지야마 데이스케와 독판교섭통상사무 민종묵의 협상 이후 결국 1893년 돈을 물어주기로 합의했다.

명성황후 집안인 민종묵은 1897년 외부대신 때 절영도(絶影島)를 러시아에 조차해 주려다 독립협회 탄핵을 받았고 독립협회 해체에도 앞장섰다.

1905년 을사늑약 찬성 신하 처벌을 주장했으나 1910년 한일병합 후엔 일본 남작 작위와 은사공채도 받았다.

1911년엔 신문에 한일병합 1주년 축하 글도 실었다. 작위를 물려받은 아들(철훈)과 친일파로 이름을 남겼다.

친일행적 논란의 여성 정치인

박 순 천(朴順天)

1898년 10월 24일~1983년 1월 9일

- **1950년** 서울 종로갑구 국회의원 선거 당선
- **1947년** 독립촉성애국부인회 부회장
- **1943년** 경성의숙 학생 대상 정신대 종용
- **1941년** 조선임전보국단 주최 강연 연사활동
- **1940년** 친일단체 '황도학회' 발기인 참가
- **1939년** 조선공예주식회사 금강전구공장 여공감(女工監)
- **1937년** 경성가정여숙(京城家庭女塾) 부교장
- **1926년** 니혼여자대학 사회학부 졸업
- **1919년** 3 · 1운동 당시 마산시위 참여
- **1917년** 부산진일신여학교 졸업

여성 정치인 박순천(朴順天).

그는 1919년 3·1운동 때 마산에서 시위를 벌이다 일제에 붙잡혀 풀려난 뒤 도피생활을 하던 중에 '순천댁'(順天宅)이란 별칭을 썼다. 이것이 굳어져 세인들에겐 본명 '명련'(命蓮)보다 더 익은 이름이 됐다.

1919년 가을 기녀로 가장해 일본에 건너가 도쿄 요시오카(吉岡)여자의학전문학교에 들어갔지만 3·1운동과 관련 보안법 위반 혐의로 국내로 다시 압송돼 1년 6개월을 복역했다.

감옥을 나온 뒤 다시 일본으로 유학을 떠나 니혼(日本)여자대학 사회학부를 졸업하고 도쿄 유학생과 결혼하고 경북지역 농촌에서 농촌계몽운동을 벌이는 항일 독립활동을 벌였다.

1945년 광복 후에는 건국부녀동맹을 조직해 신탁통치반대운동에 나섰고 1947년엔 독립촉성애국부인회 부회장을 맡기도 했고, 1948년에는 '부인신문'을 창간하고 사장에 취임했다. 1949년 3월 4일 창립된 여성문화연구소의 총재가 됐고, 대한여자청년단 단장도 맡았다.

특히 대한부인회 총본부 회장을 6년간이나 이끌며 1950년 대한부인회 소속으로 2대 국회의원에 출마해 당선된 이후 4·5·6·7대까지 5선을 지냈고 민주당 총재와 민중당 당수에 오르는 등 대표 여성 정치인이 됐다. 화려한 경력이었다.

그러나 일제 말기인 1943년 3월 여학생들에 대한 정신대 종용사실 등 뒤늦게 밝혀진 친일 행적으로 논란이 됐다.

'충신' 아들 우장춘과 달리 친일 역적이 된

우 범 선 (禹範善)

1857년 5월 24일~1903년 11월 24일

- 1903년 고영근, 우범선을 집들이 초청 유인 암살
- 1903년 고베에서 히로시마 부근 구레시 이주
- 1899년 7월 전(前) 만민공동회 회장 고영근, 일본 망명
- 1898년 아들 우장춘(禹長春) 박사 출생
- 1896년 일본 망명, 동경 거주
- 1895년 10월 8일 명성황후(明成皇后)
  시해사건(을미사변) 연루
- 1895년 4월 일본 주도 훈련대 창설
  제2대대장 임명
- 1894년 군국기무처(軍國機務處) 의원 임명
  갑오개혁 가담
- 1881년 별기군(別技軍) 참령(參領)
  김옥균 주도 개화파 가담
- 1876년 무과 급제, 황해도 배치

일제의 소위 '여우사냥'으로 1895년 10월 8일 새벽, 조선 국모 명성황후는 시해됐다. 이 을미사변에 연루된 혐의의 조선무관 출신 우범선(禹範善·1857~1903)은 우리나라에 '씨 없는 수박'을 소개한 우장춘(禹長春) 박사 아버지. 역적 아버지 범죄에 속죄하듯 우장춘은 광복 조국에서 '씨앗 독립'과 종자 자급자족에 헌신했다.

무인가문 출신으로 1876년 무과에 급제, 관직에 올라 개화정책에 눈을 뜨고 1895년 친일 정권과 일본 주도의 훈련대 창설 뒤 제2대 대장에 임명됐으나 그해 10월 7일 훈련대 해산 다음 날 명성황후 시해사건에 가담, 역적이 됐다. 황후를 시해해 불태운 이 음모는 일본 공사관의 마쓰무라(松村瀘)와 일본낭인 오카모도 류노스케 등이 꾸몄고, 친일군인으로 당시 주한 일본공사 미우라(三浦梧樓)에 포섭된 우범선과 훈련대 제1대대장 이두황(李斗璜)도 가담했다.

우범선은 미우라에게 포섭 돼 "나는 무부(武夫)다. 어떤 정견이 있을까마는 다만 조선의 정치 개선은 즉결적으로 그 당우(黨羽)를 일소하지 않으면, 비록 어떠한 고재(高才) 양책(良策)이 있을지라도 변개하기 어렵다"며 가담의사를 비쳤다.

사건 뒤 둘은 일본에 망명했고 일본인 여성 사카이(酒井仲)와 결혼, 아들 우장춘을 낳은 우범선은 1903년 오늘 11월 24일 고영근(高永根)에게 피살, 망명지에서 최후를 마쳤다.

아들은 광복 조국에서 육종보국(育種報國)의 삶을 살다 한국에 묻혔다. 뛰어난 회사경영으로 유명한 이나모리 가즈오 교세라 명예회장은 우장춘의 딸과 결혼, 우범선의 손녀사위가 됐다.

화려하게 살다 죽어 친일 꼬리표 남긴

윤 길 중(尹吉重)

1916년 8월 14일~2001년 10월 11일

2009년 민족문제연구소 '친일인명사전' 등재

- **1983년** 국회 부의장

- **1961년** 5 · 16 이후 투옥, 1968년 4월까지 복역

- **1956년** 조봉암의 진보당 창당 참여, 간사장

- **1948년** 5 · 10 총선거 출마, 제헌국회의원 당선

- **1945년 2월~8월 15일** 조선총독부 학무국 사무관 근무

- **1943년 10월** 전라남도 무안군수로 재직

- **1941년 3월** 전라남도 강진군수

- **1939년** 니혼(日本)대학 전문부 법과 졸업.
  일본 고등문관시험 행정과 · 사법과 합격

- **1937년 3월** 경성법정학교 졸업

함경도 북청에서 태어나 일본 니혼대학 법과를 졸업, 보통 문관시험과 변호사 시험, 고등 문관시험 행정과와 사법과 합격, 전남 강진 군수와 무안군수, 총독부 사무관 등으로 관직생활을 누렸다.

광복 이후엔 교수, 국회 간부, 민의원, 신민당 국회의원, 민정당 국회의원, 국회 부의장 등 화려한 인생을 살았으나 친일(親日) 꼬리표를 남긴 정치인 청곡(靑谷) 윤길중(尹吉重·일본식 이름 平沼吉重·1916~2001).

물론 시련도 있었다. 1956년 11월 10일 조봉암(曺奉岩) 위원장이 창당한 진보당에 참여, 간사장으로 선출되면서 1958년 1월 이승만 정권에 의해 '진보당 사건'이 터지자 체포됐다.

이 사건으로 조봉암은 사형돼 목숨을 잃은 반면 그는 1959년 2월 대법원에서 무죄판결을 받았다.(조봉암은 2011년 대법원에서 간첩죄와 국가보안법 위반 등 주요 혐의에 대해 무죄 선고를 받았다) 또 1961년 5·16 군사정부 때 투옥돼 1968년까지 7년을 감옥에서 지냈다. 진보당 참여에 이어 1960년 사회대중당 창당 경력을 가진 그는 출소 이후 박정희 정권 반대 진영에서 박 정권의 3선 개헌 반대 운동, 1970년 신민당 입당으로 야당의 길을 걸었다. 1971년엔 신민당 후보로 서울 영등포에 출마, 국회의원에 당선됐다.

하지만 1980년 국가보위입법회의 입법의원으로 활동하면서 여당 쪽으로 변신, 민주정의당 발기인으로 참여했고 1981년부터 1992년까지 내리 3선에 성공하며 국회 부의장까지 차지했다. 죽어서는 2009년 발간된 민족문제연구소의 '친일인명사전'에 이름을 올렸다.

외세 맞설 해군창설을 상소한 친일파

윤 웅 렬(尹雄烈)

1840년 5월 18일~1911년 9월 22일

- 1910년 남작 작위, 은사금 수령
- 1909년 4~6월 일본관광단 참여, 일본 시찰
- 1908년 8월 국채보상지원금총합소 소장
- 1907년 국채보상운동 참여
- 1905년 10월 을사보호조약 체결반대 활동
- 1897년 법부대신, 고등재판소재판장, 군부대신
- 1884년 갑신정변 가담, 형조판서
- 1881년 4월 교련병대 창군 참여, 신식군대 지도
- 1878년 5월 통리기무아문참사(統理機務衙門參事)
- 1856년 무과(武科) 급제

"지금은 천하 각국이 경쟁하고 있으므로 해군과 전함이 제압을 하고 방어하는 좋은 계책이라고 여기지 않는 나라가 없습니다. 우리 대한제국은 삼면이 바다인데도 한 명의 해군과 한 척의 군함도 없어 오랫동안 이웃나라에 한심스럽다는 빈축을 사고 있으니 무엇이 이보다 수치스러운 것이 있겠습니까?"

조선 정부와 고종은 1876년 일본과의 강제개항 조약(강화도조약) 체결 뒤 군함의 필요성을 느끼며 이를 가지려 노력을 기울였다. 그러던 중 일본 미쓰이(三井) 물산으로부터 3천500t급 양무호(楊武號)란 군함을 구입했다. 최초의 근대식 군함이다.

당시론 엄청난 고가(일화 55만원)였던 이 배는 1903년 4월 인천항에 들어왔으나 비용을 못 갚아 무용지물이었다. 이때 군부대신 윤웅렬(尹雄烈·1840~1911)이 그해 7월 22일 양무호 운용 책으로 해군 창설을 상소했다.

번듯한 군함과 해군창설로 외세에 맞서려던 계획과 달리 1905년 을사늑약 이후 일제 손아귀에 놀아나면서 배는 1909년 일본 상인에 4만5천원(일본돈) 헐값에 팔렸다.

해군창설을 주장했던 그는 을사늑약 이후 관직에서 물러나 1907년 국채보상운동에도 동참했으나 1910년 합방 때 남작, 자작의 작위를 받는 친일 길을 걸었다.

윤치호가 아들이고 윤보선 전 대통령은 손자이다.

사후에 친일 행적으로 서훈이 취소된

윤 치 영 (尹致暎)

1898년 2월 10일~1996년 2월 9일

- 1963년 제13대 서울특별시장
- 1948년 8월 8일 정부수립, 초대 내무장관
- 1948년 5월 제헌의원선거 당선
- 1938년 흥업구락부사건 체포
- 1937년 귀국, 민족계몽운동 전개
- 1934년 아메리칸대학 정치학 석사학위 취득
- 1923년 하와이에서 독립운동 투신
- 1922년 일본 와세다대학 법과 졸업
- 19 · 19년 2월 8일 동경유학생 2 · 8독립선언운동 참가
- 1915년 서울 중앙학교 졸업, 일본 유학

"대동아 성전을 위해서 정의의 칼을 뽑은 제국의 사명은 팔굉일우
(八紘一宇·온 천하가 한 집안)의 대이상과 대동아 건설의 위대한 사
업을 달성하고자 일억일심(一億一心)으로 매진하는 것이며…대동아
전민족 특히 황국국민으로서의 우리의 어깨에 지워진 공정무사한
대사명이 여기에 잇는 것입니다."('동양지광', 1942년 2월호)

1898년 2월 10일 서울에서 태어나 1996년 2월 9일 생을 마친 윤
치영(尹致暎)은 일본과 미국의 대학을 다녔다.

미국 체류 시엔 이승만을 도와 독립운동단체의 간부로 일하기도
했고, 그의 비서였으며 옥살이를 하는 등 항일 독립의 길을 걸었다.

항일로 고문과 억압에 시달렸지만 일제가 패망을 향해 치닫던 말
기에 대동아전쟁 지원과 참가를 독려하는 시국강연회 참석이나 친
일 글 발표 같은 친일 행적을 보였다.

그는 광복 후부터 정치인으로 화려한 이력을 쌓았다. 조국 광복
후 여러 번의 국회의원 당선 경력과 1948년 정부수립 후 이승만 정
부에서 초대 내무장관, 정당 당수 등을 지냈다.

박정희 정권에도 참여했고, 전두환 정부 시절인 1982년 건국포장
을 추서받아 독립유공자가 됐다. 그러나 본인의 부인에도 불구, 친일
논란에 휩싸였고 2010년 결국 국가 서훈이 취소됐다.

친일 꼬리표가 붙어다닌 집안의 몇몇 인물(삼촌 윤웅렬, 사촌 윤
치호 등)처럼 친일 행적에서 그도 자유롭지 못했다. 독립운동을 한
윤보선 대통령이 조카다.

대를 이어 친일로 변절했다 삶을 마감한

윤 치 호(尹致昊)

1865년~1945년

- **1945년** 귀족원 의원
- **1941년** 친일단체 조선임전보국단 고문
- **1920년대** 교풍회(矯風會) 등 친일단체 모임 관여
- **1911년** 105인 사건으로 6년형 선고
- **1910년** 대한기독교청년회연맹 조직
- **1907년** 신민회(新民會) 설립 참여
- **1906년** 대한자강회(大韓自强會) 조직, 회장
- **1897년** 독립협회 가입
- **1895년** 상해에서 귀국. 총리대신 비서관,
  학부협판(學部協辦)
- **1881년** 조사시찰단(朝士視察團)으로 일본방문)

"최남선은 한때 청년들의 우상이었다… 그는 연령의 많고 적음에 상관없이 스스로를 애국자라고 자부하는 사람들 사이에서 암적인 존재로 전락했다… 일본인들은 그를 위해 1만 원을 들여 집 한 채를 짓고 있다."

독립협회 회장과 대성학교장을 지냈고 항일활동을 하다 친일로 변절해 총독부 입장을 대변하는 신문에 일본제국주의를 찬양하고 조선 젊은이들의 중일전쟁 자원입대를 호소했고 그 공로로 일본 제국의회의 칙선 귀족원 의원을 지낸 윤치호(尹致昊)가 남긴 일기장 내용이다.

1865년 태어나 조국 광복 후 1945년 12월 9일 사망한 그는 아버지 윤웅렬(尹雄烈)에 이어 친일의 길을 걸었다. 일찍 일본으로 건너가 신학문을 익히고 유길준 등 개화파 인사들과 만나 조선의 개화에 나섰다. 1884년 갑신정변 이후 상하이로 유학하여 선교사들 영향으로 기독교인이 됐다. 또 선교사 앨런의 주선으로 미국 대학에서 5년간 공부했고 기독교를 통한 조선의 문명화를 바랐다. 1897년 독립협회에 가입, 이듬해 협회장으로 자주 국권 운동을 벌였다.

그러나 '윤치호를 대통령으로 하는 대한공화국을 설립하려 한다'는 소문으로 고종은 독립협회 임원 체포령을 내렸고 독립협회를 통한 개화운동은 막을 내리게 됐다.

애국 계몽운동을 벌였던 그는 1911년 '105인 사건'으로 감옥 신세를 졌고 출소 뒤 친일파의 길을 걸었다. 그는 1883년부터 1943년까지 거의 60년 동안 대부분 영어로 된 일기도 남겼다.

친일로 살다 부채왕으로 삶을 마감한

윤 택 영(尹澤榮)

1876년~1935년 10월 24일

- 2007년 친일반민족행위 195인 명단 선정
- 2002년 친일파 708인 명단 등재
- 1928년 2월 채무관계로 파산 선고, 후작 작위 잃음
- 1926년 6월 잡지 '개벽'에서 비밀 귀국 보도
- 1920년 채무로 아들(독립운동가)과 중국 북경 도피
- 1910년 10월 16일 일본정부, 후작 작위 부여
- 1906년 딸의 순종 황후 간택
- 1902년 영친왕부총판
- 1901년 비서원승
- 1899년 시강원 시종관

"부채왕(負債王) 윤택영 후작은 국상 중에 귀국하면 아주 채귀(債鬼·빚귀신)의 독촉이 없을 줄로 안심하고 왔더니 각 채귀들이 사정도 보지않고 벌떼같이 나타나서 소송을 제기하므로 재판소 호출에 눈코 뜰 새가 없는 터인데, 일전에는 어찌나 화가 났던지 그의 형 '대갈대감'(윤덕영)과 대가리가 터지게 싸움까지 했다고 한다. 그렇게 싸우지 말고 국상 핑계 삼아 아주 '자결'이나 하였으면 충신 칭호나 듣지."

1926년 잡지 '개벽' 6월호에 실린 기사다. 윤택영(尹澤榮·1876~1935)은 엄청난 돈을 쓴 로비(?) 덕에 딸이 순종의 두 번째 부인으로 간택됐다. 자신은 두 살 많은 순종의 장인으로 해풍부원군(海豊府院君)에 봉해졌다.

낭비벽과 빚 때문에 순종은 늘 시달렸다. 친일파인 그는 일본이 1910년 8월 조선병탄 뒤 '조선귀족령'을 만들어 76명의 매국노에게 그해 10월 7일 작위를 줄 때 후작(侯爵)을 받았고 은사금도 최고인 50만4천엔을 챙겼다.

헤픈 씀씀이와 넘치는 부채(요즘의 3천억원쯤 된다고도 함)로 '채무왕', '차금대왕(借金大王)'이란 조롱을 들었고 한 때는 파산선고로 후작 작위를 잃었다가 회복하기도 했다.

그는 빚으로 중국으로 달아났다 순종의 국장(國葬)을 틈타 잠시 귀국했는데 언론에 노출됐고 빚 독촉에 시달려 다시 중국으로 피했다 1935년 10월 객사했다. 그와 달리 아들 윤홍섭(尹弘燮)은 독립운동을 했고, 광복후 정치권에 몸 담기도 했다.

나라 빼앗은 적국 신민이 된 조선의 왕족

이 건(李鍵)

1909년 10월 28일~1990년 12월 21일

- 1955년 일본 귀화

- 1951년 5월 요시코와 이혼

- 1947년 왕족에서 평민 신분으로 강등
  '모모야마 겐이치'로 개명

- 1943년 3월 1일 중좌 진급

- 1936년 12월 17일 일본 육군대학교 제51생 입학

- 1931년 10월 5일 영친왕비(이방자) 외사촌
  마쓰다이라 요시코와 혼인

- 1930년 육군사관학교 졸업
  일본제국 훈1등 욱일동화대수장

- 1926년 4월 일본 육군사관학교 제42기생 입교

- 1923년 4월 육군유년학교 입학

- 1921년 강제 일본유학

조선 왕족으로 태어나 일본 여성과 결혼하고 일본군으로 지내고 끝내 일본에 귀화해 부모가 지어진 본 이름 대신 '모모야마 겐이찌'라는 일본인으로 다시 태어나 일본에서 삶을 마감한 이건(李鍵·1909~1990)

그는 나라 잃은 국민으로서 제 나라를 뺏은 적국 일본에서 편안히(?) 여생을 보낸 대표적인 인물로 손꼽힌다. 고종 황제의 5남(男) 의친왕 이강의 장남으로 조선 패망 전인 1909년 10월 28일 태어난 고종의 장손자다. 1921년 일본에 건너가 일본 육군사관학교와 육군대학교를 졸업, 일제 육군에 입대해 계급이 중좌에 이르렀다. 1931년에 영친왕비 이방자(李方子)의 외사촌이자 일본 해군 대좌의 장녀(마쓰다이라 요시코)와 결혼했다.

일본 패망 후 평민신분으로 돌아가자 1947년에 모모야마 겐이치로 이름을 바꿨고 1955년엔 일본에 귀화했다. 생계를 위해 단팥죽 팔고 제과점을 운영하기도 했고 외도로 아이를 낳아 가정불화로 이혼했고 둘째 부인과 살다 죽었다. 사후 일본 왕실은 장례식을 주관했고 육사 동기들과 일본 왕족이 참석해 조선인도, 일본인도 아닌 생을 살았던 망국 왕족의 가는 길을 배웅했다.

그의 선조(先祖)는 조선을 속국이라며 오만무례하게 지독히 괴롭혔던 명(明)나라를 섬겼고, 후손인 그는 시도 때도 없이 조선을 핍박하고 약탈했던 임진왜란의 원흉인 일본을 섬기며 살았다.

그의 삶에서 역사는 힘없는 나라에겐 절대 자비를 베풀지 않는다는 교훈을 보여주었다.

세종대왕 후손으로 친일 꼬리표 남긴

이 규 완(李圭完)

1862년 11월 15일~1946년 12월 15일

- **1945년 9월** 강원도 도지사 고문
  10월 강원도지사직 임시담당
- **1927년** 신간회와 물산장려회 참여
- **1924년** 동양척식회사 고문
- **1924년** 사직서 제출, 황무지개간 농장경영
- **1918년** 함경남도 도장관
- **1910년** 한일 강제병탄조약 체결. 강원도도장관 유임
- **1907년** 망명 귀국 생활 반복 뒤 귀국
- **1895년** 명성황후 암살 미수 연루 일본 망명
- **1884년 12월** 갑신정변 가담
- **1883년** 일본유학, 토야마 하사관학교 군사훈련

"한일합방은 당연하다. 검정 고무신 하나 자기 손으로 못 만드는 민족이 무슨 염치로 독립할 생각을 하느냐"고 생각한 조선 왕족의 후예. 몰락한 세종대왕 후손으로 1862년 서울 뚝섬에서 태어나 일제 강점기 관료를 지낸 이규완(李圭完)이 그였다. 게으른 조선민족이 독립 자격이 없고 나태와 탐욕, 부패로 망국은 당연하다는 것.

1910년 합방 뒤 강원도·함경도 도장관 등 관료를 지냈고 1919년 3·1만세운동 때는 반대 경고문을 발표했으나 조선총독부의 중추원 참의 제안을 끝내 거부했다. 가난으로 박영효의 식객이 되고 그 도움으로 1883년 일본에 관비로 유학했다. 게이오의숙과 도야마 육군 하사관 학교에서 교육을 받고 귀국, 교관에 임명됐다.

1884년 김옥균·박영효 등 주도의 갑신정변에 참여, 수구파 대신 제거 역할을 맡았고 정변 실패로 일본에 망명하는 등 여러 차례 망명과 귀국을 반복했다.

갑신정변 연좌로 노비가 된 조선의 본처와 헤어지고 일본 망명 중 1886년 일본 여성과 결혼, 5남 4녀를 두었다. 양복 한 벌을 평생 입었고 신발 한 켤레로 30년을 신을 정도로 검소했다. 관찰사 시절 초상집 상여를 직접 메고, 식사대접 받은 농가의 거름을 져주고 관찰사 관사를 고아원으로 개조, 세인을 놀라게 했다. 자녀 결혼식 축의금도 받지 않았다. 광복 후 "우연히도 하늘의 보살핌으로 독립을 하였으므로 감사히 여겨야 하며, 다시는 나라를 빼앗기지 말자"고 했다. 해방 뒤 강원도지사 고문, 임시 강원도지사를 맡았고 1946년 12월 15일 영욕의 삶을 마쳤고 친일파란 꼬리표를 남겼다

여종에게 꾸중들은 친일파 대신

이 근 택(李根澤)

1865년 9월 30일~1919년 12월 17일

- **2007년** 이근택 소유토지의 국가귀속 결정
- **1910년** 일본 자작작위
  조선총독부 중추원고문
- **1907년** 중추원고문
- **1906년** 훈1등태극장
  중추원의장
- **1905년** 일본국 훈1등욱일대수장(勳一等旭日大綬章)
  을사조약 체결찬성
- **1904년** 호위대총관 · 궁내부특진관 역임
- **1901년** 경부협판 · 경부대신서리
- **1898년 11월** 독립협회 반대 · 해산 공로로 한성부판윤
- **1896년** 육군참령 임명
- **1884년** 무과 급제

"너는 대신이 되어 나라의 은혜를 얼마나 입었는데 나라가 위태로워도 죽지 않고…너는 참으로 개만도 못한 놈이다. 내가 비록 천한 사람이지만 어찌 개의 종이야 될 수 있겠느냐? 내 칼이 약하여 너를 만 동강이로 베지 못한 것이 한스럽다. 나는 다시 옛 주인에게 돌아가겠다."

1905년 11월 을사늑약 체결에 찬성해 박제순 이지용 이완용 권중현과 함께 을사오적(乙巳五賊)이 된 이근택(李根澤)이 집에 돌아와 가족들에게 늑약 이야기를 하는 것을 듣고, 이근택 아들에게 시집온 며느리를 따라왔던 여비(女婢)가 부엌에서 칼을 들고 나와 이근택을 준엄하게 꾸짖었다.

1910년 경술국치에 자결로 저항한 우국지사 황현(黃玹)이 남긴 매천야록(梅泉野錄)에 나오는 한 장면이다.

늑약 체결 발표 뒤 장지연은 11월 20일 자 황성신문에 '시일야방성대곡'이란 사설에서 "저 개돼지만도 못한 정부대신이라는 자는 자기의 영달과 이익을 바라고 위협에 겁을 먹어 머뭇거리고 벌벌 떨면서 나라를 팔아먹은 도적"이라며 오적을 개돼지로 불렀다.

이근택은 1906년 2월 16일 새벽 분노한 민중의 습격을 받아 중상을 입기도 했는데, 그를 암살하려 한 독립운동가 기산도(奇山度) 등은 붙잡혀 고문을 당했다.

나라를 팔아 호강을 누리던 그는 1919년 12월 17일 죽었다. 영원한 역사의 죄인으로.

배일에서 친일로 변절한 왕족

이 준 용(李埈鎔)

1870년~1917년

- 2006년 친일반민족행위자 명단 등재
- 1917년 이건을 양자 입양
- 1912년 일본정부의 한국병합기념장 수여
- 1910년 대한제국 육군참장(陸軍參將)
- 1909년 친일단체 신궁봉경회 총재
- 1907년 순종 즉위, 귀국
- 1897년 유럽 시찰
- 1896년 일본 유학
- 1894년 법부협판(法部協辦) 피살사건 연루, 유배조치
- 1886년 문과 급제

조선 왕족으로 흥선대원군 손자인 이준용(李埈鎔·1870~1917)은 일본을 극도로 싫어했으나 결국 변절, 친일파로서 삶을 마쳤다.

1886년 문과에 급제한 이후 여러 관직을 거쳤고 집권한 대원군에 의해 국왕이 될 뻔한 행운도 있었으나 반대세력에 의해 좌절됐다.

갑오개혁 때 김홍집(金弘集) 내각에 참여해 한때 등용, 인사권과 군사권까지 장악하기도 했다. 미국인 법률고문 그레이트하우스 등과 접촉하며 반일 친위대 편성을 도모했고, 대원군의 후원을 받아 동학농민군, 청나라 군대와 함께 일본군 축출과 친일내각 전복을 기도했으나 발각되고 말았다.

그는 뒷날 주일 특명전권공사로 내정됐지만 맡지 않고 1895년 5월 군국기무처 김학우(金鶴羽) 의원 암살사건에 연루되고 박영효(朴泳孝) 등 친일파 내각 대신 암살 죄목으로 붙잡혀 사형판결을 받았다.

하지만 왕족인지라 왕의 특사로 10년 유배형으로 감형되는 특혜에 이어 그해 8월에 석방됐고, 그해 발생한 일제의 사전 치밀한 계획(일명 '여우사냥')에 의한 명성황후 시해사건(을미사변) 뒤 11월 11일 왕명에 의해 일본으로 유학을 떠나야 했다.

그는 유학 후 귀국이 허락되지 않자 1897년 유럽지역 시찰에 나섰고 1899년 다시 일본으로 돌아왔다가 1907년 고종이 물러나고 순종이 즉위하자 귀국했다. 1910년 나라가 망한 뒤 친일의 길을 걸었다. 한 때 극렬한 배일주의자였으나 결국엔 다른 많은 왕족, 귀족들처럼 변절한 삶을 살았다.

배정자의 딸 덕분에 큰 친일 음악가

이 철(李哲)

1903년 6월 9일~1944년 6월 20일

- 2009년 친일반민족행위자 명단 포함

- 1944년 만주공연 중 건강악화, 귀국

- 1943년 공연단체 '신생극단' 조직

- 1939년 일본 공연

- 1936년 오케레코드 운영 중단

- 1935년 이난영의 '목포의 눈물' 발표

- 1932년 오케레코드로 음반제작 운영

- 1930년 유부녀 현송자와의 관계 들통으로 망신

- 1920년대 후반 악사활동

- ? 배재고등보통학교 졸업, 연희전문학교 상과진학

우리나라 최초 여성보컬 '저고리 시스터즈'를 아시나요?

요즘 '걸 그룹'처럼 일제 치하인 1935년 '저고리 시스터즈'라는 여성그룹이 탄생했다. 5~7명으로 구성된 것으로 추정되는, 당시로선 획기적인 기획을 한 주인공은 일제강점기 최고의 쇼 흥행사였던 오케(OK)레코드사와 조선악극단의 사장 이철(李哲·본명 이억길·1904~1944·사진 오른쪽)이었다.

우리나라 음반, 연예사업에 선구자적 역할을 했다. 레코드 도매상에서 레코드 제작에 뛰어들어 남인수·김정구·백년설 등 쟁쟁한 전속가수를 두었고, 손목인·김해송·박시춘 등 가요 작곡가의 작품으로 가요 중흥기를 열었다.

오케음악무용연구소를 만들어 전문가 교사를 두고 노래와 춤, 연기 등 전문적인 예능인 양성기관 역할도 했다. 또 무대공연을 위한 오케스윙악단과 노래, 춤에 능한 60여 명의 단원을 꾸려 일본 공연에 나섰는데 이때 조선악극단이라 칭했다.

1939년 3월 10일 일본 공연 중 태극기를 사용해 곤욕을 치렀다. 뒷날 북경, 상해 등 해외공연 등으로 전성기를 맞았다.

그는 부인 현송자(玄松子) 덕에 성공했다. 연희전문대학 재학 중, 유부녀 현송자를 만나 불륜에 빠졌다. 배정자(이토 히로부미의 수양딸)의 첫 남편 현영운의 딸로 일본 유학파였다.

실력과 미모로 사교계에 알려진 그녀는 대한제국 고위관료였던 윤치오의 후처였다. 결국 이혼당한 뒤 그와 재혼했고 부인후원으로 승승장구한 이철은 일제 말기 친일 연극과 공연 참여로 친일파가 됐다.

친일로 한국불교에 내분의 씨를 뿌린 스님

이 회 광(李晦光)

1862년~1933년

- 1924년 조선총독부, 해인사 주지에서 해임
- 1923년 10월 해인사 승려,
  이회광 주지 사임 요구탄원서 총독부 제출
- 1920년 2월 경남 · 경북 7개 본산주지 대구 초청,
  합병작업 구체화
- 1919년 일본불교와 조선불교 임제종의 합병추진
- 1917년 8월 일본시찰단 참여, 일본 총리 방문
- 1915년 친일단체 불교진흥회 조직
- 1912년 6월 조선선교양종각본산 주지회의원 발족,
  초대 주지회의원 원장
- 1911년 조선총독부에 의해 해인사 주지 임명
- 1910년 한일 강제병탄 후 일본 소토슈(曹洞宗)와 연합 추진
- 1908년 원종(圓宗) 종단의 종정 추대

"첫째, 조선 전체의 원종(圓宗) 종무원은 조동종(曹洞宗)과 완전 또 영구히 맹약하여 불교를 확장할 것… 일곱 번째, 본 맹약은 관할처의 승인을 얻는 날로부터 효력을 발생함."

'불교계 이완용'으로 불린 친일파 스님 이회광(李晦光·1862~1933)은 역대 고승 행적을 다룬 범해(梵海) 각안(覺岸) 스님의 '동사열전'(東師列傳)에 소개될 만큼 한때 명망 높았다.

일제 영향으로 1906년 조직된 친일 성향 불교단체인 불교연구회가 1908년 원종이란 종단을 창설하자 종정으로 추대됐다.

또 조선 불교가 발전하려면 일본 불교 도움이 필요하다는 친일 단체인 일진회 이용구 회장 추천으로 일본인 승려 다케다 한시(武田範之)를 원종 고문에 앉히는 등 본격적으로 친일 활동에 나섰다.

다케다는 불교 수행보다는 권력에 결탁, 조선 불교를 일본 불교에 병합시키려는 야심가였고 동학의 분열과 이용구를 통한 일진회의 어용화를 획책한 권력 추구 승려였다.

1910년 8월 29일 한일 강제병탄으로 패망 후 조선의 전국 72곳의 사찰 위임장을 갖고 일본에서 그해 오늘 일본 대표인 히로쓰(弘津設三) 조동종 총무와 7개조의 '연합맹약'을 체결했다.

민족계와 친일계의 불교 내분 씨앗을 뿌린 셈이다. 친일 불교단체인 불교진흥회도 만들어 친일 매국노 조중응을 고문으로 주대했다.

그는 친일 승려들과 함께 조선총독의 경비지원으로 일본 시찰에 나서는 등 친일 활동을 서슴지 않았다.

친일하고 명예와 훈장까지 받은 시인

주 요 한(朱耀翰)

1900년 10월 14일~1979년 11월 17일

- **1979년** 정부, 국민훈장 무궁화장 추서

- **1960년** 부흥부 장관. 상공부 장관

- **1945년** 대한무역협회 회장. 민주당 민의원

- **1944년** 학도병 독려 단체 '종로익찬회' 회원 활동

- **1937년** 수양동우회사건 이후 변절

- **1927년** 신간회 참여

- **1925년** 상해(上海) 후장대학(?江大學) 졸업

- **1919년 4월** 상해망명. 임시정부 임시의정원 의원

- **1919년** 동경 제1고등학교 졸업. 시 '불놀이' 발표

- **1912년** 평양 숭덕소학교 재학 중 도일(渡日)

"아아 날이 저문다, 서편 하늘에, 외로운 강(江)물 우에, 스러져 가는 분홍빛 놀…… 아아 해가 저물면 날마다, 살구나무 그늘에 혼자 우는 밤이 또 오건마는, 오늘은 사월(四月)이라 파일날 큰 길을 물 밀어가는 사람 소리는 듣기만 하여도 흥성스러운 것을 왜 나만 혼자 가슴에 눈물을 참을 수 없는고?"

우리나라 근대 자유시의 효시로 평가받는 주요한(朱耀翰)의 '불놀이' 일부다.

1900년 10월 14일 태어난 그는 1979년 죽을 때까지 일제강점하에선 친일(親日)도 했고, 광복 후엔 영예로운 삶을 살았고 사후엔 국민훈장 무궁화장을 추서받은 시인이자 언론인, 정치가였다.

그는 1919년 일본 유학 중 도쿄에서 김동인 등 4명과 함께 우리나라 최초의 종합 문예동인지인 '창조'(創造)를 창간했고 편집인 겸 발행을 맡았는데 이 시도 창간호에 발표했다.

그는 1937년부터 2년에 걸쳐 일제가 벌인 조선의 지식인 단체인 수양동우회(修養同友會) 회원의 대대적 검거(181명) 선풍 사건 이후 친일로 돌아섰고 다양한 친일단체 간부가 됐다. 학병을 권유하는 연설도 마다하지 않고 적극 나섰으며 친일작품도 여럿 발표했다. 일제 패망까지 내선일체와 황국신민으로서의 역할 강조, 전쟁참여 독려 등에 앞장섰다.

광복 후엔 대한무역협회장, 민의원 재선, 정부 장관, 언론사 사장, 기업체 대표 등으로 화려하게 변신했다. 그러나 그는 2002년 국회의원들의 모임이 선정한 친일파 708인에 포함됐다.

마마로부터 어린이 구하고 친일 오점 남긴

지 석 영(池錫永)

1855년 5월 15일~1935년 2월 1일

- 1928년 조선 종두 50주년 기념식 표창
- 1917년 조선병원 원장
- 1914년 계동 유유당 소아과 개설
- 1908년 대한의원 학생감, 국문연구소 위원
- 1907년 대한의원의육부(大韓醫院醫育部) 학감
- 1899년 관립의학교 초대교장 임명
- 1885년 '우두신설(牛痘新說)' 저술
- 1880년 김홍집(金弘集) 수행원으로 일본방문, 종두법 공부
- 1879년 부산 제생의원(濟生醫院)에서 2개월간 종두법 공부
- 1876년 일본가는 스승(박영선)에 일본 종두법 실황 조사부탁

1897년 '마마' 혹은 '손님'(일본식 표현:천연두·天然痘)이 창궐할 때 한의학을 공부하던 지석영(池錫永·1855~1935)은 조카딸을 비롯해 어린이들이 수난을 겪자 한의학의 무력함을 통감했다.

종두법(種痘法)이 본격 보급되지 않았던 때였다. 지석영은 종두법을 제대로 익히려고 20일 동안 걸어 부산에 가 전문가 도움으로 종두법을 배웠다. 대신 2개월간 당시 일본인 거류민들을 위한 일본인들의 한국어사전 편찬 작업을 도왔다.

충청도 청주 처갓집의 어린 처남과 마을 어린이에 대한 첫 우두 접종 성공에 이어 지속적인 접종을 위해 두묘(痘苗·천연두 예방에 쓰이는 소 몸에서 뽑아낸 면역물질) 만드는 법을 배우러 나섰다.

1880년 일본 수신사의 수행원으로 일본에 가서 우두묘 제조 기술을 익혀 돌아와 서울에 종두장을 만들어 본격 우두 접종사업을 벌였다.

개화사상가로 요동치는 정국에 유배 등 역경을 겪었지만 1885년 '우두신설'이란 최초 서양의학서를 펴냈고 1894년 갑오개혁에 동참, 개화파 정부로 하여금 '종두규칙'을 제정케 하고 전국 어린이들의 의무 우두 접종 실시로 그들의 생명을 구하고 그들을 '마마 자국'으로부터 지켜냈다. 1899년 설립된 최초 관립의학교(서울대 의과대학 모태) 교장으로 부임한 뒤 1903년 3월 24일 황성신문에 권종우두설(勸種牛痘說)을 발표했다. 주시경과 한글 가로쓰기에도 앞장 섰지만 일본어에 능통, 일본의 동학농민 토벌군 통역과 길 안내를 맡는 등 친일 행적의 오점을 남겼다.

조선 평민 출신 첫 일본군 장성

홍 사 익(洪思翊)

1889년 3월 4일~1946년 9월 26일

- **1946년 4월** 마닐라 국제군사법정, 사형 선고
- **1944년 3월** 필리핀 주둔
  일본 남방군 총사령부 병참총감
- **1941년 3월** 육군 소장 진급
- **1933년 4월** 관동군사령부 배속
- **1931년 8월** 육군보병학교 교관
- **1920년 12월** 일본 육군대학교 제35기 입학
- **1914년 5월 28일** 제26기 졸업, 12월 임관
- **1912년 12월** 일본육군사관학교 입학
- **1909년 9월** 일본 육군중앙유년학교 예과 3학년 편입
- **1908년** 대한제국 육군무관학교 입학

"전쟁이 끝나면 고향에 돌아가 중학교 수학 교사로 조용히 살고 싶다."

일제 강점기 때 창씨개명도 않고 떳떳하게 조선인임을 밝히면서도 일본군에서 장성(중장·왕족 아닌 조선 평민으로는 첫 사례)까지 올랐고, 2차 대전 뒤 한국인으로 유일하게 태평양전쟁의 B급 전범으로 1946년 필리핀에서 생을 마친 홍사익(洪思翊)의 꿈이었다고 한다.

1887년 경기도 안성에서 태어나 1905년 대한제국 육군무관학교에 들어갔으나 1909년 학교 폐쇄로 국비로 일본에 유학, 육군사관학교에 이어 1923년 오늘 육군대학을 졸업했다. 졸업 후 일본군의 해외 전투에 투입돼 활약했다.

1941년 육군 소장에 올라 중국 허베이성 주둔 보병 여단장으로 있을 때는 중국 팔로군에 속해 있던 조선의 항일부대(조선민족혁명당 산하 조선의용대 화북지대)와 전투를 벌였는데 조선의용대원 4명이 숨지고 대장 등이 포로가 됐다.

1944년 남방총군 병참감 및 포로수용소장으로 필리핀 전선에 배치, 연합군 포로를 관리했다. 중장으로 진급됐고 1945년 종전을 맞았으며 포로에 대한 부하들의 잔학행위에 대해 책임을 지고 법정에 섰고 파란의 삶을 마감했다.

당시 국내서는 일본육사 동기생 등의 구명운동이 있었으나 무위로 끝났다. 일본에서는 1966년 야스쿠니 신사에 합사됐으나 국내에선 친일반민족행위자로 기록됐다.

광복 71주년
역사 속 榮영 辱욕 의
인물들

3부

또 다른 삶

길이 되다

암흑의 일제, 6 · 25 속 어린이에게 꿈 심어준

강 소 천(姜小泉)

1915년 9월 16일~1963년 5월 6일

- 1987년 9월 16일 강소천 문학비 건립
- 1965년 배영사, '소천아동문학상' 제정
- 1960년 아동문학연구회 회장
- 1953~ · 1955년 한국문학가협회 아동문학분과위원장
- 1952년 어린이 잡지 '새벗' 주간
- 1951년 월남. 문교부 편수관
- 1945~1948년 교직생활
- 1937년 함흥 영생고등보통학교 졸업
  동화 · 소년소설 시작
- 1931~1933년 동요 · 동시 다수 발표
- 1930년 조선일보 신춘문예 동요 당선

"물 한 모금 입에 물고! 하늘 한 번 쳐다보고!

또 한 모금 입에 물고! 구름 한 번 쳐다보고."

서울 어린이대공원 진입로에는 아동문학가 강소천(姜小泉·1915~1963)을 기려 1987년 세운 문학비가 있다. 여기엔 1937년 그가 지은 '닭'이 새겨져 있다.

그는 일제 지배와 6·25전쟁의 암울했던 시기를 산 이 땅의 어린이를 누구보다 사랑하고 아꼈다. 작품뿐만 아니라 마해송(馬海松) 등과 함께 '어린이헌장'을 만들어 반포하는 등 아동애호 활동으로 남다른 아동 사랑을 실천했다.

"코끼리 아저씨는 코가 손이래…", "한겨울에 밀짚모자 꼬마 눈사람…", "태극기가 바람에 펄럭입니다…", "스승의 은혜는 하늘 같아서…" 등과 같은 노래는 모르는 사람이 없는 그의 작품이다.

또 그는 스코틀랜드 민요 '올드 랭 자인'에 "오랫동안 사귀었던, 정든 내 친구야. 작별이란 웬 말인가? 가야만 하는가. 어디 간들 잊으리오. 두터운 우리 정. 다시 만날 그날 위해, 노래를 부르세"라는 우리말 가사를 붙인 주인공이다.

그의 동화, 동시, 동요는 불운한 시대를 산 이 땅의 어린이에겐 축복이었다.

1963년 5월 6일 48세라는 너무도 짧은 삶을 살나 간 그가 남긴 많은 공적을 기려 1965년 '소천아동문학상'이 제정됐고, 정부는 1985년 10월 19일 '문화의 날'을 맞아 대한민국 금관문화훈장을 추서했다.

일제의 암울한 시절 요절한 국민시인

김 소 월 (金素月)

1902년 8월 6일~1934년 12월 24일

- **1981년** 금관문화훈장 추서
- **1968년 4월** 서울 남산에 기념시비 건립
- **1939년** 스승 김억(金億), '소월시초'(素月詩抄) 발간
- **1934년** 고향에서 자살로 생 마감
- **1926년** 동아일보 정주지국 설립
- **1925년** 시집 '진달래꽃' 발간
- **1923년** 배제고보졸업. 일본 동경상과대학 입학 · 중퇴 귀국
- **1920년 3월** 시 '낭인의 봄' 등 작품 발표, 데뷔
- **1919년** 3 · 1만세운동 이후 배재고등보통학교 편입
- **1917년** 오산중학교 입학

"산산이 부서진 이름이여!/허공 중에 헤어진 이름이여!/불러도 주인 없는 이름이여!/부르다가 내가 죽을 이름이여!/…/부르다가 내가 죽을 이름이여!/사랑하던 그 사람이여!/사랑하던 그 사람이여!"('초혼' 중에서)

우리나라 독자의 가장 많은 사랑을 받는 시인으로는 아마도 김소월(본명 김정식)을 손꼽을 수 있다.

그는 우리에겐 민요시인으로 국민시인과도 같은 존재가 됐다. 그의 시가 우리 토속적인 가락과 전통시의 흐름을 이은데다 민족 정서를 담고 있기 때문이다.

1902년 태어나 일제 암흑기에 33세라는 짧은 생애로 요절할 때까지 모두 200여 편을 남긴 그의 시에서는 보편적으로 '정'(情)과 '한'(恨)을 느낄 수 있다. 그 '정'과 '한'은 '임'을 향한 것이란 평가다.

1차 세계대전과 3·1만세운동, 세계 경제 공황기의 우울한 시기를 살면서 생전 남긴 그의 시를 두고 '한의 시학'이란 이야기를 듣는 이유다.

절망과 퇴폐의 기운이 사회에 퍼지던 암울한 시기를 살면서 문명에 대한 회의와 서구문명으로 우리의 전통적 가치관이 무너지던 시대 속에서도 우리 가락과 정서를 담은 시를 써 시대를 넘어 애송되고 있다.

그러나 일제에 대한 저항정신은 약했다는 부정적 평가도 받았다. 1924년 평북 구성군의 한 북방 변두리로 내려가 유폐된 생활을 하던 그는 1934년 12월 24일 너무나 짧은 생을 마쳤다.

일제 학도병으로 끌려갔던

김 수 환(金壽煥) 추기경

1922년 6월 3일~2009년 2월 16일

- **1969년** 한국 최초 추기경
- **1968년** 제12대 서울대교구장. 대주교
- **1955년** 대구대교구 김천 천주교회 주임신부 겸
  김천 성의중고등학교장
- **1951년** 대구 계산성당에서 사제서품
- **1946년 귀국.** 가톨릭대학(전 서울성신대학) 편입
- **1945년** 제2차 세계대전 종료, 상지대학교 복학 후 자퇴
- **1944년** 일본학도병 강제징집
  일본 사관후보생 훈련, 장교 임관
- **1941년** 서울 동성상업학교 졸업
  일본 상지(上智)대학 철학과 입학
- **1927년** 경북 군위로 이사, 군위공립보통학교 입학
- **1895년**(추정) 부친(김영석)
  경북 칠곡군 장자골 옹기굴 신자촌 정착

"너희와 모두를 위하여!"

어려운 가정에서 태어나 성직자의 길을 걸으며 영원한 종교 지도 자로 각인된 고 김수환(1922~2009) 추기경은 일제의 조선침략 피 해자이기도 했다. 천주교를 믿던 부모님 영향으로 일찍부터 사제의 길을 준비하던 그는 일본에 유학하며 나라 잃은 백성의 아픔을 겪 어야 했다. 또 2차 대전을 일으킨 일제에 의해 학도병 신세가 되는 곤욕을 치른 경험도 있다.

그는 일제의 전쟁 패배와 패망, 조국의 광복으로 고국으로 돌아와 신학대학 공부를 마친 뒤 사제서품을 받아 사제의 길로 들어섰다.

그는 마침내 1969년 47세의 나이로, 한국 최초이자 전 세계 최연 소 추기경이 됐다.

1970년대 서슬 퍼렇던 독재 정권 아래에서 이 땅의 민주화운동에 큰 힘이 되는 울타리 역할도 마다하지 않았다. 서울 명동성당이 민 주화 성지처럼 여겨지게 된 이유이기도 했다.

북한의 6·25 남침전쟁이란 동족상잔의 아픔을 지켜봤던 그였기 에 남북관계 개선에도 관심을 보였다.

1989년 서경원 당시 국회의원의 방북사건으로 나라가 시끄러울 때 기자회견을 통해 남과 북의 관계가 나아지길 바라는 교회의 입 장을 나타내기도 했다.

1989년 북한 김일성 주석은 문익환 목사 등과 함께 방북 초청도 했다. 또한 1995년 1월 7일 방북 의사를 밝혔으나 성사는 되지 않 았다.

조선 최초로 미국 대통령을 접견한
민 영 익(閔泳翊) 대신
1860년~1914년

- **1910년** 한일 강제병탄, 귀국 대신 상해 체류
- **1905년** 을사조약 강제체결, 홍콩 망명
- **1898년** 대한제국 성립, 의정부 찬정
- **1894년** 고종 폐위음모사건 연루, 홍콩 · 상해 등지 망명
- **1887년** 해외도피, 홍콩과 상해(上海) 등지 전전
- **1886년** 정부의 친로거청정책(親露拒淸政策) 반대
- **1885년** 청나라 텐진 방문, 대원군 회국 반대
- **1884년 5월** 유럽 경유 귀국
- **1883년** 친선사절 보빙사(報聘使)정사, 미국 방문
- **1881년** 별기군(別技軍) 교련소당상

뉴욕에서 발행된 신문 '뉴스페이퍼'는 1883년 9월 24일자 신문에서 미국 제21대 채스터 아서 대통령이 조선 첫 미국 사절단인 '보빙사'(報聘使) 접견을 보도했다.

신문은 9월 18일 이뤄진 공식 접견을 알리며 아서 대통령은 비스듬히 서서 사절을 내려다 보고 3명의 조선 사절단은 엎드려 절하는 모습을 실었다.

보빙사는 1882년 조미 수호통상조약 뒤 1883년 미국 푸트 공사가 내한하자 답례로 파견한 8명의 사절단이다. 전권대신 민영익(1860~1914)은 부대신 홍영식, 종사관 서광범, 수행원인 유길준 등 5명과 미국인 로웰, 중국인 오례당, 일본인 미야오카를 이끌었다.

민영익은 조선 말 민씨 척족의 관리로 조선의 첫 서양문물 시찰자가 됐고, 40여일 간 미국체류 뒤 귀국시 유럽을 거쳐 서구 신문물을 직접 눈으로 살폈다.

그러나 귀국해 보수 입장으로 개화파와 충돌했고 1905년 을사늑약과 친일 정권 수립으로 중국 상해에 망명, 그곳에서 일생을 마쳤다.

그의 권유로 미국유학 뒤 유럽을 거쳐 귀국, '서유견문'을 남긴 유길준은 책에서 "공(민영익)의 수행원이 되어 만리의 여행을 하게 되었으니… 보빙사 일을 끝내자 공이 장차 복명하러 귀국하면서 나를 (미국에) 머무르게 하고는 공부하고 오라는 임무를 맡기셨다… 나는 (공의) 깊고도 먼 뜻에 감복하고 친밀한 정의를 느꼈다"라고 썼다.

일제 때 요절한 대구 음악가
박 태 원(朴泰遠)

1897년 6월 27일~1921년 8월 5일

- 1973년 12월 예총경북지부, 대구출신 작고예술가추모회 개최
- 1959년 백기만의 '씨뿌린 사람들'에서 조명 글 게재
- 1923년 9월 이상화 시인, 백조잡지에 추모시 '이중의 사망' 발표
- 1921년 8월 20일 대구청년회관에서 추도회 개최
- 1921년 연희전문학교 제2회 조업
  일본 동경 세이소쿠영어학교 입학
- 1920년 7~8월 잡지 '학생계'에 '음악이야기' 연재
- 1920년 5월 연희전문학교 학생기독청년회 주최
  자선음악회 독창 출연
- 1919년 3 · 1만세운동 후 서울 하숙집에 이상화 시인 도피
- 1917년 7월 대구 최초 남녀혼성 찬양단조직
- 1916년 평양숭실대학 입학. 조선대학교(연희전문학교 전신) 입학
- 1915년 3월 대구 계성중 4회 졸업
- 1914년 졸업반 때 연극 '대공포강도' 출연
- 1911년 9월 대구 계성중 2학년 입학

1921년 8월 20일 대구청년회관에서는 뜻깊은 음악행사가 열렸다.

학창 시절 방학 때면 고향 대구 후배에 음악을 가르쳤고 대구에 서양 음악의 씨앗을 뿌리다 그해 8월 5일 24세로 요절한 음악가 박태원(朴泰元)을 위한 추도회였다.

음악가 박태준의 친형인 그는 우리에게 널리 알려진 미국 노래 두 곡을 남겼다. 미국 작곡가 포스터의 가곡 '켄터키 옛집'과 "넓고 넓은 바닷가에 오막살이 집 한 채 고기잡는 아버지와 철 모르는 딸 있네…"로 익숙한 미국 민요 '클레멘타인'이다.

특히 클레멘타인 가사는 소설가 구보(丘甫) 박태원(朴泰遠)이 번역한 것으로 세상에 잘못 알려져 있다.

그는 외국곡의 가사 번역과 독창활동, 혼성 합창활동으로 대구 서양음악의 기초를 다졌다. 그는 대구 남성정교회(현 제일교회)에서 찬송가를 접하면서 음악과 성악에 관심을 가졌다.

대남학교와 계성중을 다녔고 중학 졸업 때는 '대공포강도'란 연극에도 출연했다. 일본 도쿄 세이소쿠 영어학교에 유학하다 폐병으로 한 학기 뒤 귀국, 대구 집에서 숨을 거뒀다.

이날 추도회는 당시 도쿄 유학 대구학생 모임인 재일본 동경 달성구락부가 마련했다. 그의 서울 하숙집에서 한때 생활을 같이 했던 시인 이상화는 '이중의 사망'이란 장문의 애도 시를 1923년 '백조' 3호에 발표하고 그를 기렸다.

한 여인과 아름다운 사랑 남긴 시인
백 석(白石)

1912년 7월 1일~1996년 1월

- 1997년 옛 연인 김영환의 기금으로 백석문학상 제정
- 1945년 광복 후 고향 평안북도 정주 생활
- 1942년 만주 안동에서 세관업무 종사
- 1940년 1월 만주 생활
- 1938년 영생여고보 교사직 사임
- 1937년 신문사 사직 후 함경도 생활
- 1936년 시집 '사슴' 간행
- 1934년 아오야마학원(靑山學院) 전문부 영어사범과 졸업
- 1930년 조선일보 신춘문예 단편소설 '그 모(母)와 아들' 당선
- 1929년 오산고등보통학교 졸업

백석(본명 백기행) 시인은 한국 현대시 100년사에서 우리 시대 시인들에게 가장 큰 영향을 끼친 시집 '사슴'(1936)을 남겼다.

백석을 가장 좋아했던 경북 예천 출신의 안도현 시인은 "백석 시를 베낄 때면 묘한 흥분과 감격에 휩싸이곤 했다"고 말할 정도였다.

1930년대 천재시인 소리를 들었던 백석은 광복 후에도, 6·25전쟁 때도 북에 남아 1996년 생을 마쳤다.

1912년 7월 1일 평북 정주에서 태어난 그는 1997년 법정 스님에 의해 문을 연 길상사 옛 주인과의 사랑 이야기로 잘 알려진 인물이다.

삼각산 길상사란 사찰로 새로운 모습을 선보이기 전 이 건물은 '대연각' 요정이었다. 주인은 길상화(김자야·본명 김영한)란 여성이었다.

서울 도심 금싸라기 땅과 건물을 스님이 쓴 '무소유'란 책을 읽고 시주했던 그 여성은 바로 백석의 연인이었다.

"나와 나타샤와 흰 당나귀'란 제목의 그의 시에 나오는 '나타샤'의 주인공이다. '가난한 내가/ 아름다운 나타샤를 사랑해서/ 오늘 밤은 푹푹 눈이 나린다/ …/ 나는 혼자 쓸쓸히 앉어 소주(燒酒)를 마신다/ 소주를 마시며 생각한다/ …/ 아름다운 나타샤는 나를 사랑하고/ 어데서 흰 당나귀도 오늘 밤이 좋아서 응앙응앙 울을 것이다."

여인은 연인과의 사랑을 담은 '내 사랑 백석'이란 자서전을 내기도 했고, 기증한 돈(2억원)을 기금으로 1997년 '백석문학상'이 제정됐다.

- 2011년 9월 체육인 명예의 전당 헌액
- 1986년 마라톤 우승 기념 '그리스투구' 반환
- 1963년 육상경기연맹 회장
- 1957년 대한민국 체육상
- 1948년 대한체육회 부회장
- 1936년 8월 25일 일장기말소사건(日章旗抹消事件) 발생
- 1936년 8월 9일 제11회 베를린올림픽대회 마라톤 금메달
- 1936년 5월 베를린올림픽 파견후보 최종선발전 2위
- 1934년 10월 제10회 조선신궁대회 마라톤경기 우승
- 1932년 육상명문 양정고등보통학교 입학

일제 설움 달리기로 씻은

손 기 정 (孫基禎)

1912년 8월 29일~2002년 11월 15일

- 1970년 국민훈장 모란장 수여
- 1964년 도쿄올림픽 마라톤코치 참가, 은퇴
- 1947~1963년 대한육상경기연맹 이사
- 1947년 제51회 보스턴마라톤대회 출전 10위
- 1936년 8월 9일 제11회 베를린올림픽대회 마라톤 3위
- 1936년 5월 베를린올림픽 파견후보 최종선발전 우승
  (2위 손기정)
- 1935년 베를린올림픽 파견후보 2차선발전 2위
  (1위 손기정)
- 1934년 일본건국기념 국제마라톤 우승
- 1933년 일본선수권마라톤 대회 우승
- 1932년 전일본마라톤선수권 대회 우승

일제 설움 달리기로 씻은

남 승 룡 (南昇龍)

1912년 11월 23일~2001년 2월 20일

　태극기 대신 일장기를 달고 1936년 8월 9일 베를린 올림픽에서 마라톤 금메달을 목에 건 선수는 누구도 예상못한 동양의 작은 체구를 한 손기정(孫基禎·1912~2002·사진 위)이었다.

　3위는 남승룡(南昇龍·1912~2001·사진 아래)이 차지했다. 올림픽 대표선수 선발전에선 남승룡 1위, 손기정 2위였다.

　양정고보(養正高普) 선배(남승룡), 후배(손기정) 사이였던 두 사람은 우리 민족의 기개를 세계 만방에 알렸다.

　1936년 5월 대표선수로 최종 선발된 두 사람의 선전을 기원하며 그해 오늘 양정고보동창회와 고려육상경기협회(高麗陸上競技協會), 운동기자단 등은 양정 교정에서 환송격려회를 가졌다.

　민족 성원을 업고 손기정은 2시간 29분 19초 2라는 신기록으로, 당시 인간이 넘기 힘들다던 마(魔)의 2시간 30분대를 돌파했다.

　그의 질주를 중계했던 당시 독일방송은 "한국 대학생이 세계의 건각들을 가볍게 물리쳤습니다. 그 한국인은 아시아의 힘과 에너지로 뛰었습니다"며 그가 한국인임을 전했다.

　그러나 우승한 그의 가슴에 단 일장기를 없앤 사건으로 조선중앙일보는 폐간됐고 동아일보는 무기정간의 수난을 겪었다.

　남승룡은 광복 이후 1947년 보스턴마라톤대회에 코치겸 선수로 참가, 손기정 감독과 함께 서윤복의 우승을 이끌어냈다. 두 사람은 한국 마라톤에 큰 족적을 남긴 체육인이었다.

망국 맞은 조선의 마지막 황제

순종(純宗) 황제

1874년 3월 25일~1926년 4월 25일

- 1926년 6 · 10독립만세운동 전국 전개
- 1917년 일본 강제 방문
- 1910년 8월 29일 한일합병조약, 대한제국 멸망
- 1910년 8월 22일 순종 대신 이완용의 한일합방조약 서명
- 1909년 7월 12일~1910년 8월 29일 일본 통감정치
- 1909년 7월 각의(閣議), '한일합병 실행에 관한 방침' 통과
- 1907년 7월~1910년 조선 제27대 왕 재위
- 1898년 아편 든 커피 다량 흡수, 치아 망실
- 1897년 대한제국 수립, 황태자 책봉
- 1875년 왕세자 책봉

1907년 8월 27일 조선의 27대 마지막 지배자인 대한제국의 순종 황제가 즉위했다.

일제의 강요와 친일파의 매국행위로 자리를 물러난 고종을 이어 왕이 됐다. 기념 우표와 그림엽서 발행으로 즉위를 축하했지만 일제에 나라를 빼앗긴 비운의 임금이었다.

순종 즉위 후 일제는 한일신협약 즉 정미7조약 강제 체결로 일본인 통감의 통제를 받도록 했고 급기야 군대조차 강제로 해산했고 사법권도 빼앗았다. 이로 인해 전국적으로 의병이 일어나는 등 나라 전체가 어수선했다.

바로 이런 즈음 순종은 이토 히로부미 통감의 강제적인 제안으로 1909년 1월 엄동설한 속에 기차로 전국 순시에 나섰다. 민심을 둘러본다는 명목이었으나 나라를 통째로 삼키기 위한 일제의 분위기 파악이 속셈이었다.

순시에 나선 순종은 1909년 1월 7일 대구역에 내려 4만여 명의 환영인파 속에 대구 행재소(현 경상감영공원)에 들렀다.

순종은 이어 부산을 순시한 뒤인 1월 12일에도 귀경길에 다시 대구역에 내려 달성공원을 방문하기도 했다.

순종을 따라 전국 순시를 한 이토를 통해 조선을 삼킬 야욕을 굳힌 일제는 결국 1910년 8월 29일 한일합병조약을 맺고 대한제국을 삼켰다.

망국의 한을 안고 살던 순종은 1926년 4월 25일 숨을 거뒀다.

대구경북인 마음에 새겨진 작곡가

안 익 태(安益泰)

1906년 12월 5일~1965년 9월 16일

- **1959년** 귀국
- **1945년** 스페인 마요르카 정착, 교향악단 지휘
- **1936년** 애국가 작곡
- **1934년** 유럽에서 지휘 · 작곡 공부
- **1932년** 미국 신시내티음악학교 유학
- **1931년** 구니다치음악학교 졸업
- **1921년** 동경 세이소쿠중학교(正則中學校) 음악특기자 입학
- **1919년** 3 · 1운동가담, 숭실중학교 퇴교
- **1918년** 평양숭실중학교(崇實中學校) 입학, 첼로수업 시작
- **1914년** 평양 종로보통학교 입학, 트럼펫 · 바이올린 배움

멀리 스페인 팔마 마요르카에 있는 작곡가 안익태의 옛 집을 1990년 사들여 기증한 사람은 경북 울진에서 태어나 사업으로 성공한 대구 인터불고 권영호 회장이었다.

애국가를 지은 그가 살던 고택을 안내하는 간판조차 없어 관광객들이 찾는 데 어려움을 많다는 유족들 이야기에 자발적으로 돈을 모아 2004년 고택에 가로 세로 각 30cm 크기의 정사각형 스테인리스 안내판을 단 사람은 대구 달서구청 공무원들이었다.

이어 2005년엔 대구 달서구 여성단체협의회 회원들이 스페인을 방문, 유족을 돕기 위한 성금도 전달했다.

1906년 평양에서 태어난 그는 숭실중학에 다니며 오케스트라 단원으로 활동하면서 1919년 3·1운동이 일어나자 가담해 퇴학당했다. 일본으로 건너간 그는 음악과 첼로를 배웠고 다시 미국에서 첼로와 작곡을 공부했다.

독일과 오스트리아 등지를 다니며 지휘와 작곡을 공부했으며 1936년 '애국가'가 들어 있는 '한국환상곡'을 작곡했다. 1948년 정부 수립과 함께 그의 음악은 '국가'로 결정됐다.

한국에도 드나들었던 그는 1965년 9월 스페인 바르셀로나 병원에서 숨을 거뒀으며 그해 10월 15일 정부는 문화훈장 대통령장을 추서했다. 그가 떠나고 수십년 지나 대구경북사람들이 그를 기리는 일을 하게 된 것은 나라사랑 마음이 유별난 지역민심의 발로가 아닐까.

조국의 '씨앗 독립'에 앞장선

우 장 춘(禹長春)

1898년 4월 9일~1959년 8월 10일

- **1959년** 대한민국 문화포장
- **1958년** 농사원 원예시험장장 취임
- **1953년** 임시농업지도요원 양성소 부소장, 중앙원예기술원원장
- **1950년 3월** 정부 초청, 귀국
- **1947년** 우장춘 환국추진운동 전개
- **1937년** 농림성 퇴직
- **1936년** 동경제국대학 농학박사학위 취득
- **1919년** 졸업. 일본 농림성 농업시험장 취직
- **1916년** 동경제국대학실과(東京帝國大學實科 · 전문대학) 입학
- **1903년** 아버지 우범선(禹範善) 일본서 살해

세계적인 육종학자 우장춘(禹長春) 박사는 우리에게 '씨 없는 수박'을 처음 소개한 인물로 잘 알려져 있다. '씨 없는 수박'을 처음 개발한 사람은 일본 교토대학 기하라 히토시이다.

일제의 명성황후 시해 사건인 을미사변에 가담했다 일본 망명 뒤 1903년 살해된 조선 말기 무관 출신 아버지(우범선)와 일본인 어머니(사카이 나카) 사이에 1898년 4월 8일 일본에서 태어났다.

힘겹게 자란 그는 전문대학인 도쿄제국대학 실과(實科)를 졸업하면서 일본 농림성 농업시험장에 취직, 1937년 퇴직 때까지 육종 연구를 했다.

박사 학위가 있어도 한국인인데다 정규 대학을 졸업하지 않았다는 이유로 승진 못 하다 퇴임 직전 기사(技師)로 올라 물러났다.

1950년 정부 초청으로 불운했던 일본 생활을 청산하고 아내와 자식을 두고 귀국, 1959년 죽을 때까지 한국농업과학연구소장과 중앙원예기술원장, 원예시험장장을 역임하며 '국모 시해 가담'이란 아버지가 남긴 빚을 갚으려는 듯 조국에 나머지 생을 바쳤다. 이 때문에 어머니 임종조차 못했다.

특히 그는 일본에 의존하던 채소 종자의 자급자족을 가능하게 했고 그가 개발한 무병 감자 종자는 전쟁 폐허 속 극심한 식량난에 허덕이던 국민에게 큰 도움이 됐다.

정부는 그가 죽자 문화포장을 수여했고 사회장으로 '씨앗 독립'에 공헌한 그를 기렸다. 그는 농촌진흥청 내 여기산(麗妓山)에 묻혔고 해마다 8월이면 그의 제자, 원예인들이 추모 행사를 하고 있다.

믿었던 일본에 의해 섬에 유배된
유 길 준(俞吉濬)

1856년 10월 24일~1914년 9월 30일

- **1910년** 경술국치 후 칩거. 남작작위 거절
- **1907년** 흥사단 설립 참여
- **1902년** 일본 섬에 3년 유배조치
- **1896년** 독립신문 창간 후원
  내부대신. 일본 망명
- **1894년** 갑오개혁 때 외무참의(外務參議)
- **1889년** 서유견문(西遊見聞) 탈고
- **1884년** 담머 고등학교 수학, 최초 미국 유학생
- **1883년** 주미 전권대사 민영익(閔泳翊) 수행원 발탁, 도미(渡美)
- **1882년 6월** 임오군란(壬午軍亂), 귀국
- **1881년** 신사유람단참여 일본시찰
  게이오의숙(慶應義塾)입학. 최초 일본유학생

유길준(1856~1914)은 1881년 일본유학 중 두 외국인 스승과 운명적 만남을 가졌다. 일본지폐 1만 엔에 나오는 후쿠자와 유키치 그리고 미국인 에드워드 모스였다.

일본의 우상 후쿠자와는 조선과 중국을 '나쁜 이웃'으로 봤다. 그의 사상은 조선정벌론자의 이론 근거가 됐다. 국비로 일본 미국에 유학한 유길준은 후쿠자와 집에서 지내며 공부했다. 첫 국한문 혼용 서양견문록인 '서유견문'은 후쿠자와의 '서양사정'을 참조했다.

일본에서의 만남 인연으로 그는 미국서 모스의 가르침을 받았다. 모스는 유길준의 유품을 오늘에 전한 사람이다. 미국 매사추세츠주 피바디 박물관엔 유길준이 평소 입었던 저고리와 외출용 갓, 신발 등이 남아 있다. 유길준과 이들과의 관계를 알려주는 편지가 있다.

1896년 7월 2일 일본 도쿄에서 미국 모스에게 보낸 글이다. "저는 여러 통의 편지를 교수님께 보냈습니다… 후쿠자와 선생을 통해 회답을 보내 주십시오. 가족과 셀렘 사람들에게 문안을 부탁드립니다"란 편지다.

셀렘은 미국 국비 유학 1호인 그가 머문 보스턴 외곽 항구도시다. 김홍집 내각 참여와 1895년 단발령 실시 등 조선 개화에 앞선 그는 일본 정부에 의해 일본 섬에서 4년 유배도 당했다. 일본은 그를 이용했다. 믿었던 일본은 조선침략으로 답했다.

김일성도 반한 항일지 '개벽'을 만든

이 돈 화(李敦化)

1884년 1월 10일~?

- 2009년 친일반민족행위 704인 명단 포함
- 1950년 6·25전쟁 때 공산군에 납치·행방불명
- 1946년 4월 북한교회 책임 북한 거주
- 1933년 천도교창건사(天道敎創建史) 저술
- 1926년 '신인간'(新人間) 창간, 편집인·발행인
- 1923년 천도교 청년당 창설
- 1922년 '부인지'(婦人誌)창간, 편집인·발행인
- 1920년 천도교 청년회 조직. 잡지 '개벽' 창간, 주간 역임
- 1919년 천도교 청년교리강연부 조직
- 1910년 천도교 월보사(天道敎月報社)사원 근무

일제는 1919년 3·1운동으로 총칼 탄압의 무단(武斷)통치에서 한 발 물러섰다. 이때 시대의 어둠을 밝힌 빛이 된 '개벽'(開闢)이 나왔다. 김일성도 회고록 '세기와 더불어'에서 밝혔듯이 열렬한 독자였다.

1920년 6월 25일 창간했으나 혹독한 탄압을 받았다. 1926년 8월 1일 폐간하면서 7년 동안 72호를 냈다. 이는 편집인 이돈화(1884~?) 덕분이었다. 대부분 잡지 수명이 몇 호에 그친 것에 비해 대단한 일이었다.

1902년 동학에 가입, 천도교와 인연을 맺은 그는 천도교 지원 아래 종합지인 개벽을 만들어 항일 민족운동에 활용했다. 무려 34회에 걸친 발매금지(압수)와 정간(1회), 벌금(1회)의 탄압 가시밭길에도 굽히지 않았다. 특히 그의 논설은 김일성의 많은 관심을 끌었다. 그는 3·1운동 실패로 좌절된 독립의 뜻을 이어간 개벽 창간으로 잇따른 다른 잡지의 탄생 역할의 선봉이 됐다.

개벽이 '민족의 수난기, 어두운 암흑기에 어려움을 타개하려는 선구자, 앞길을 밝혀주는 선각자로서 신문화 사상 및 독립운동 사상에 큰 업적을 이룩한 민족 잡지'로 평가받는 까닭이다.

그는 1923년 청도교청년당 창당 등 열성적 종교활동도 했다. 불행히도 6·25전쟁 때 북한에서 사망한 것으로 보인다.

신소설로 망국민의 생각을 깨치려한
이 해 조(李海朝)

1869년 2월 27일~1927년 5월 11일

- 2007년 6월 서거 80주기 '이해조 문학제' 개최
- 1925년 소설 '강명화실기'(康明花實記)
- 1913년 매일신보 퇴사
- 1912년 '옥중화'(獄中花)
- 1911년 신소설 '모란병'(牡丹屛), '화(花)의 혈(血)'
- 1910년 토론체 소설 '자유종' 발표. 매일신보 입사
- 1909년 '원앙도'(鴛鴦圖)
- 1908년 기호흥학회(畿湖興學會) 활동
- 1907년 대한협회 교육부 사무장. 제국신문 입사
- 1906년 11월 잡지에 소설 '잠상태'(岑上苔) 연재

이해조(1869~1927)는 인조 임금 후손이었다. 망한 나라 국민이 되어 글로 조선 백성을 일깨우려 했다. 진사 시험에도 합격했으나 되레 신학문에 관심이 더 많았다. 그래서 고향 포천에 학교도 세웠다.

1906년 11월부터 '소년한반도'란 잡지에 소설 연재로 본격 문학 활동에 나섰다. 특히 1910년대 애국계몽기에 많은 작품을 통해 썩은 봉건 부패관료 비판과 여성의 사회적 지위 향상, 신교육 등 민중 계몽과 개화의식에 힘썼다.

"소설은 인정에 맞도록 편집하여 풍속을 교정하고 사회를 경성하는 것이 제일 목적이다"라는 소설관을 가졌다.

신소설로 망국의 백성 생각을 바꾸려 했다. 그의 대표 신소설로 봉건제도 비판, 정치 개혁의식을 그린 '자유종'(自由鐘)은 1910년 7월 30일 그렇게 발간됐다.

출판사는 민족의식 고취와 2세 교육을 위한 교과서 등을 펴낼 목적으로 설립된 '광학서포'(廣學書鋪)였다. 이 소설엔 4명의 여성이 등장, 토론으로 낡아빠진 미신 계급의 타파, 평등사상, 민주사상, 여성인권, 자녀 신교육, 자주 독립사상 등 당시 사회 개화에 필요한 전반적인 새로운 제도와 정신의 필요성을 강조했다. 그가 '이인직에 의해 개척된 신소설의 기초를 확립한 작가'라는 평가를 받는 이유다. 그는 이인직과 함께 우리 신소설 분야의 대표적인 공로자였다.

친일파 연구로 경종을 울린 사학자

임 종 국(林鍾國)

1929년 10월 26일~1989년 11월 12일

- 2005년 보관 문화훈장
- 1988년 '일본군의 조선침략사'
- 1987년 '친일 논설집'
- 1986년 '친일문학 작품선집'
- 1985년 '일제하의 사상탄압'
- 1984년 '밤의 일제침략사'
- 1983년 '일제침략과 친일파'
- 1966년 '친일문학론'(親日文學論) 저술
- 1965년 한일회담 계기, 본격 친일(親日) 연구
- 1956년 고려대학교 정외과 졸업

"권좌를 뒤쫓는 장상(將相)은 많아도 민족의 내일을 근심하는 학구(學究)가 없는 상태에서 70년 통한의 침략사를 망각의 피안으로 인멸시켜가며 왔던 것이다. 이러고서도 쓸개가 있는 백성이란 말을 할 수 있겠는가 묻고 싶다. 한국민의 역사 건망증에 자극제가 되기를 소망하거니와 이러한 소망은 일본에 대해서도 마찬가지이다. 교만이면 필망(必亡)이려니와 역사 앞에 겸허하지 않음이야말로 교만인 것이기 때문에, 미래를 위해서 경종을 울리고 싶은 것이다."

일제하 문학사와 민중사, 특히 친일파의 숨겨진 활동 연구에 평생을 보내다 1989년 11월 12일 삶을 마친 사학자 임종국이 1986년부터 2년에 걸쳐 1876년 강화도 조약 이후 1945년 8 15 광복까지 약 70년간 이 땅에 강제 주둔한 침략 일본군을 파헤친 2권짜리 책 '일본군의 조선침략사' 서문에 남긴 글이다.

이 책은 일본 침략을 살펴 안보를 준비하여 국토 통일의 원리를 찾기 바라는 마음을 담은 작품이다.

1929년 경남 창녕에서 태어난 임종국은 '자화상' 등 작품의 추천으로 시작 활동도 했는데 진면목은 '친일문학론' '일제침략과 친일파' 등 친일과 일제강점하 문학사 및 민중사 연구 등에서 나타났다.

그의 저작들은 지금도 일제강점기 및 친일파 연구에 기본서가 될 정도로 평가를 받고 있다.

일제 수탈 속 문화재 지킨 간송

전 형 필(全鎣弼)

1906년 7월 29일~1962년 1월 26일

- 1971년 보화각을 간송미술관(澗松美術館)으로 개칭
- 1960년 동인지 고고미술 발간
- 1954년 문화재보존위원회 제1분과위원
- 1945~1946년 보성중학교 교장
- 1942년 기와집 10채 값으로 훈민정음(訓民正音) 원본 등 구입
- 1940년 6월 (재)동성학원(東成學園) 설립
  보성고등보통학교 인수
- 1938년 북단장 내 보화각(?華閣) 건축,
  한국 첫 사립박물관 설립
- 1934년 북단장(北壇莊) 개설
- 1930년 일본 와세다대학 졸업, 귀국
- 1928년 스승 오세창 만나 서화 골동품수집 관심

문화재 수집가인 전형필(全鎣弼·1906~1962)은 1942년 경북 안동에서 고서(古書) 한 권을 사들였다. 제시된 책값은 당시 서울의 큰 기와집 한 채 값인이 1천원이었으나 거금 1만1천원을 주고 샀다. '훈민정음 해례본'(訓民正音 解例本)이다. 그는 이를 지키느라 노심초사했다.

우리말 말살에 광분하던 일제에 들키면 큰일이었기 때문이다. 1945년 광복 이후에야 세상에 공개했다.

우리나라 역사상 최고 발명품인 세종대왕의 한글 창제의 동기를 밝혀놓은 책은 이렇게 보존됐다. 1962년 국보 70호로, 1997년 유네스코 세계기록문화유산으로 등재된 것은 당연한 대접이었다.

서울 종로에서 99칸의 저택과 10만 석(石) 재산의 대부호 아들로 1906년 7월 29일 태어나 유산을 일제 수탈의 대상이 된 우리 문화재 구입과 보존에 썼다.

3·1운동 민족대표 33인으로 독립운동가인 서화(書畵) 전문가 오세창(吳世昌)과의 인연으로 민족 문화재 수집에 생을 걸었다. 가산 탕진 소리를 들어가면서까지 문화재를 모았다.

1938년엔 오세창이 지어준 이름의 '보화각'(葆華閣·민족문화의 정화들이 모인 집이란 뜻)이란 국내 최초 사립박물관도 세웠다. 그의 호 간송(澗松)을 딴 '간송미술관'이다.

수만 점 수장품엔 국보 및 보물급 문화재도 많았다. 정부는 1962년 대한민국문화포장, 1964년 대한민국문화훈장 국민장을 추서하고 공을 기렸다.

항일의 피 물려받은 청록파 시인

조 지 훈(趙芝薰)

1920년 12월 3일~1968년 5월 17일

- 2001년 나남출판사, 지훈문학상 제정
- 1962년 고려대학교 민족문화연구소 소장
- 1961년 국제시인회의 한국대표
- 1950년 종군작가 활동
- 1947년 고려대학교 교수
- 1946년 전국문필가협회 활동, '청록집(靑鹿集)' 발간
- 1945년 한글학회 국어교본 편찬원 역임
- 1942년 조선어학회 '큰사전' 편찬위원
- 1941년 혜화전문학교 문과 졸업. 오대산 월정사 불교전문강원 강사
- 1939년 4월 문장(文章), '고풍의상(古風衣裳)' 추천 데뷔

"1876년에서 1945년에 이르는 약 70년간의 민족운동사에서 그 첫머리 15년을 제한 나머지 55년은 대일투쟁의 역사임을 알 수 있다. 그러므로 우리의 근대 민족운동사를 대일항쟁사라고 하여도 과언이 아닌 것이다."(조지훈의 '한국민족운동사' 중에서, 1964년)

1920년 12월 3일 경북 영양 주실마을에서 태어난 동탁(東卓 본명) 조지훈은 1968년 5월, 48세의 짧은 생을 마칠 때까지 일제 강점하 그리고 이승만 정부와 박정희 대통령의 독재 시대에 절반씩 살며 저항과 지조로 일관한 선비였다. 저항의 피는 집안 내력인 듯했다.

의병장으로 일제 강제합방에 증조부(조승기)는 자결했고, 할아버지(조인석)는 6·25전쟁 때 인민군에 저항하며 스스로 목숨을 끊었다.

3·1운동에도 참여했고 제헌 국회의원을 지낸 한의학자 아버지(조헌영)는 제헌의회에서 반민족행위처벌법을 강력히 추진했고 반민족행위 특별조사위원회 조사위원으로 활동했으나 6 25전쟁 때 납북되는 운명을 맞았다.

박두진·박목월과 함께 청록파 시인인 그도 항일의 피를 이어받았다. 16세(1936년)에 상경, 조선어학회를 알게 돼 '큰사전' 편찬위원회 위원으로 활동했다.

1942년 최현배·이희승 등 33명의 인사가 검거된 조선어학회사건 소용돌이 땐 낙향했고, 광복 후엔 한글학회 국어교본 편찬원으로 복귀한 국문학자였다.

'주보따리' 별명의 한글학자

주 시 경 (周時經)

1876년 11월 7일~1914년 7월 27일

- 1914년 마지막 저술 '말의 소리' 저술

- 1911년 보성중학교에 조선어강습원 개설

- 1910년 광문회. 대표 저서 '국어문법' 저술

- 1908년 국문연구회 조직

- 1907년 7월 국문연구소 연구위원

- 1906년 학생용 교재 '대한국어문법' 발간

- 1900년 6월 배재학당 보통과 졸업

- 1896년 독립신문사 회계사무 겸 교보원(校補員)
  국문동식회 조직

- 1894년 9월 배재학당(培材學堂) 입학

- 1887년 6월 고향 황해도 떠나 서울생활

"자기 나라를 보존하며 자기 나라를 일으키는 길은 나라의 바탕을 굳세게 하는 데 있고, 나라의 바탕을 굳세게 하는 길은 자기 나라의 말과 글을 존중하여 쓰는 것이 가장 중요하다."

한문을 공부했으나 호(號)조차 한힌샘('하얀샘'을 의미) 한흰메('태백산'을 뜻함)로 할 만큼 한글 사랑으로 한글 중흥에 평생을 바친 개화기 국어학자인 주시경(周時經·1876~1914)은 우리 말 문법을 처음 정립했다. 우리 말과 한글을 이론적, 과학적으로 체계화한 한글 중흥의 선구자였고 새로운 국어운동을 펼친 국어학의 선봉자였고 어문민족주의자였다.

1910년 4월 15일 펴낸 '국어문법'을 비롯, '국문문법' '대한국어문법' 등 저작물은 38년 삶 동안 쏟은 우리 말과 글에 대한 사랑이었다. W한글 관심은 한학을 배우면서 시작됐고 1896년 서재필이 창간한 국문전용인 '독립신문' 교보원(校補員·교정보는 사람) 근무 때 더욱 그랬다.

또 학업의 계속과 함께 후진 양성, 국어운동에 정열을 쏟았다. 강의 때 큰 보따리에 책을 싸다닌 탓에 '주보따리'란 별명을 얻었다.

최현배, 이병기 등 많은 제자를 길렀고 이들이 중심이 돼 조선어연구회(현 한글학회)가 1921년 탄생했다. 1933년 마침내 '한글맞춤법통일안'도 제정됐다.

암울했던 때 한글을 살아남게 한 그의 공적을 기려 정부는 1980년 건국훈장 대통령장을 추서했다.

국채보상운동에 승려 참여시킨 스님

홍 월 초(洪月初)

1858년~1934년

- 1934년 봉선사 홍법강원(弘法講院) 설립자금 제공
- 1928년 개운사 대원강원(大圓講院) 후원금 제공
- 1922년 회암사 중창, 불상 봉안
- 1908년 불교연구회, 원종종무원(圓宗宗務院) 설립으로 해체
- 1907년 명진학교(明進學校) 이사장
  국채보상운동 승려참여 독려
- 1906년 2월 불교연구회(佛敎硏究會) 설립, 초대 회장
- 1902년 사사관리서(寺社管理署) 내산섭리(內山攝理)
- 1892년 남한산성팔도총섭(南漢山城八道總攝)

"이 글을 쓴 늙은 중은 홍월초라는 중인바 조선총독이 내 수양아들이오. 이 글을 소지하고 있는 중은 바로 내 손자라, 이 아이의 신원은 나 홍월초가 보증하는 바이니 지체없이 통과시켜 경기도 양주 봉원사로 보내주기 바라오. 만에 하나라도 이 아이를 지체시켜 내가 도모하는 일에 차질이 생기면 총독에게 알려 엄히 추궁할 것인즉 이 점 각별히 유념토록 하시오."

금강산 유점사 주지 스님 심부름으로 홍월초(洪月初) 스님을 만나러 가던 월초 스님의 손상 좌인 운허 스님이 일본 경찰 형사의 검문에 걸렸을 때 내보인 편지글이다. 이 편지로 검문을 무사 통과한 운허 스님은 독립의 필요성을 이야기하며 가슴 속에서 치밀어 오르는 격정으로 눈물 흘리며 우국에 애태우기도 했다. 그러나 월초 스님의 가르침으로 수행에 더욱 정진하는 쪽으로 방향을 잡았다고 한다.

월초 스님은 1906년 불교의 연구와 교육을 위해 조직된 불교연구회 대표를 맡았는데 대구서 국채보상운동이 벌어지자 1907년 3월 3일 연구회 승려 150여 명과 동참을 결의, 일본 빚 갚는데 스님들 참여를 유도했다.

연구회는 1904년 전국 사찰과 승려를 관리하던 사사관리서(寺社管理署)가 폐지되면서 봉원사 이보담(李寶潭) 스님 등과 원흥사(元興寺)에 설립했으며 초대 회장에 홍월초, 2대 회장은 이보담 스님이 맡았다. 연구회는 1906년 5월 원흥사에 현 동국대학교 기반이 된 명진학교(明進學校)를 개교하는 등 많은 활동을 벌이다 1908년 3월 해체됐다.

조선 패망의 생생한 기록을 남긴 열사

황 현(黃玹)

1855년 12월 11일~1910년 9월 10일

- 1955년 국사편찬위원회, '매천야록'(梅泉野錄) 발간
- 1911년 영호남 선비들 성금모금, '매천집'(梅泉集) 출간
- 1910년 9월 8일 경술국치 비관, '절명시', 유서 작성
- 1909년 중국 망명객 김택영과 서울 면담
- 1907~1908년 의연금으로
　　　　　　호양학교(壺陽學校 · 전남 구례) 건립, 운영
- 1906년 친일인사 풍자 시. 민영환 추모 시 '혈죽'(血竹)
- 1905년 을사조약 자결관리 추모 시 '오애시'(五哀詩)
- 1899년 언사소로 국정개혁 주장
- 1888년 성균관 생원, 관리포기 낙향
- 1886년 구례군 간전면 만수동 이주(매천야록 저술)

"임금은 날마다 유흥을 일삼아 매일 밤 연희를 열고 질탕하게 놀아 광대 무당과 악공들이 어울려 노래하고 연주하느라 궁정 뜰에 등촉이 대낮과 같았다. 과거도 유희의 한가지로 생각하여 어느 달이고 과거를 치르지 않은 때가 없었다."

부정과 비리로 망국을 향해가던 시절, 매천(梅泉) 황현(黃玹)은 고종을 매섭게 비판했다. 패망이 일제 침략뿐만 아니라 왕조, 세도가, 외척의 횡포 부패 때문임을 기록으로 남겼다.

1855년 전남 광양에서 태어나 1910년 8월 경술국치를 맞자 그해 9월 10일 목숨을 끊었다. 왕조 몰락의 생생한 증언이 그의 '매천야록'(梅泉野錄)이다.

그는 벼슬 대신 낙향해 학교를 세워 후진 양성에 힘쓴 개화기의 대표적인 열사였다. 순국 직전 4편의 절명시 등을 남긴 시인이자 역사가였다.

매천야록은 세상에 늦게 선보였다. 죽음 직전 자손에게 책을 남에게 보이지 말라고 했던 탓이다.

그러나 후손은 원본 유실이나 훼손에 대비, 부본을 몇 부 만들어 한 부를 중국에 망명 중이던 학자 김택영에게 보내 교정을 요청했고, 김택영이 중국인에게 한국 역사를 알리려 쓴 책 '한사경'에 매천야록을 인용하면서 알려졌다.

일제강점기 땐 극비로 취급됐고 그의 탄생 100년이 된 1955년 국사편찬위원회에 의해 발간, 널리 퍼졌다. 정부는 1962년 건국훈장 독립장을 추서하면서 그의 공훈을 기렸다.

임오군란으로 청국에 납치된

흥선대원군 이하응(興宣大院君 李昰應)

1820년 11월 16일~1898년 2월 2일

- **1895년** 유폐생활

- **1894년** 동학세력과 연계 집권시도

- **1887년** 재집권 시도실패

- **1885년 2월** 청국에서 조선 귀국

- **1882년** 임오군란 때 잠시 재집권, 청국 연행

- **1876년** 일본의 강화도 침공
  조일수호조규(朝日修好條規) 체결

- **1873년** 고종의 친정 선포, 흥선대원군의 정계은퇴

- **1871년 3월** 서원철폐령(書院撤廢令)
  척화비(斥和碑) 건립

- **1869년** 일본 메이지유신 · 왕정복고 통지 국서접수 거절

- **1863년 12월 8일** 철종 사망, 대원군 아들(명복) 고종 즉위

왕족 흥선대원군 이하응(1820~1898)은 안동 김씨 세도로 불우했다. 아들(명복)이 철종 사후 1863년 12세에 고종으로 즉위하면서 권세를 잡았다. 그는 섭정과 쇄국정책으로 조선의 재건을 꾀했다.

그러나 1873년 고종의 친정(親政) 이후 명성황후 집안의 권력 장악으로 실권을 잃었다. 재기는 1882년 7월 23일 일어난 임오군란 때였다. 1876년 강화도 조약 이후 신식 군대와 구식 군대 간 차별에 불만이던 구식 군인들은 폭동을 일으켜 그에게 대책을 호소했다.

폭동으로 일본군 교관 호리모토 레이조(堀本禮造) 소위가 피살됐고 일본 공사관이 습격받았다. 그는 재집권했으나 명성황후 일파 요청으로 개입한 청(淸)의 납치로 그의 재기는 좌절됐다. 그 후 부침을 거듭하다 1895년 며느리 명성황후 시해로 은퇴했다.

한편 임오군란은 되레 일본과 청의 영향력만 늘린 꼴이 됐다. 일본은 난을 구실로 군 병력을 멋대로 경성 민가에 주둔시켰다. 임란 후 첫 일본군 경성 진입이었다. 특히 난 때 일본 공사관을 지키던 무관 미즈노 가츠키(水野勝毅) 대위가 읊은 시는 섬뜩했다.

"나에게 3척 보검이 있으나/몇해도록 피 맛을 보지 못했다/오늘밤 경성 한 바탕 꿈에/번개처럼 날며 개 염소를 죽이리라."

뒷날 일본은 그의 시처럼 조선인을 마치 '개와 염소 죽이듯' 했고 조선을 통째로 삼켰다.

광복 71주년
역사 속 榮(영)辱(욕)의
인물들

4부

여성의 또 다른 삶

희망이 되다

일제의 '여우 사냥'에 희생된 국모

명성황후(明成皇后 閔妃)

1851년~1895년 8월 20일

- 1995년 뮤지컬 명성황후 공연

- 1897년 명성(明成) 시호. 국장(國葬) 치름

- 1896년 2월 명성황후 시해 후 고종의 아관파천

- 1895년 8월 일본 '여우사냥' 작전,
  일본낭인 경복궁 난입에 희생

- 1884년 개화파 갑신정변에 청나라에 접근

- 1882년 임오군란. 궁궐 탈출, 장호원 도피

- 1876년 개방정책으로 일본과의 수교

- 1873년 흥선대원군 실각과 고종의 친정(親政) 선포

- 1871년 원자(元子) 출생 후 삼일만에 사망

- 1866년 고종의 왕비로 간택

1851년 태어나 16세에 고종의 왕비가 된 명성황후는 태종비 원경왕후, 숙종비 인현왕후, 순종비 순명황후를 배출한 여흥 민씨 집안이다. 아버지 민치록은 인현왕후 부친(민유중)의 5대손으로 철종 때 음서로 관직에 올랐다.

명성황후는 친척 아주머니로 대원군 아내인 부대부인 민 씨의 총애를 받았다. 부대부인은 민치록의 양자로 들어간 민승호의 누나로, 고종의 비로 명성황후를 대원군에게 적극 추천했다. 황후는 그러나 권력을 잡으면서 시아버지와 갈등을 빚었고 대원군은 1882년 임오군란 때 조정이 지원을 요청한 청에 납치되기도 했다. 황후는 개화파가 1884년 갑신정변으로 왕권을 위협하자 더욱 청에 기댔다. 또 1894년 동학혁명, 청일전쟁으로 일본이 조선에 깊이 개입하자 러시아를 통해 일본을 견제하려 했다. 이에 이노우에 가오루(井上馨) 후임으로 1895년 9월 1일 부임한 정치군인 예비역 육군중장 미우라 고로(三浦梧樓) 공사는 '여우사냥'을 기획, 황후 제거에 나섰다.

그는 '한성신보' 사장 아다치 겐조에게 "어차피 한번은 '여우사냥'을 해야겠다"며 당초 10월 10일 예정한 거사를 1895년 10월 8일 새벽으로 앞당겨 낭인을 동원, 을미사변 '인간사냥'으로 황후를 시해했다. 조선말기 국정에 참여하여 조선의 이익을 위해 노력했으며 일본을 반대했다. 선교사 언더우드의 부인이 황후를 두고 "애국적이었으며 조선의 이익을 위해 몸을 바치고 있었다"고 평가할 정도였다. 물론 부정적 평가도 있지만 일제에 시해된 황후의 비극은 전국적인 대규모 항일 의병을 촉발한 계기가 됐다.

반야월을 좋아했던 비운의 여류작가

백 신 애(白信愛)

1908년 5월 19일~1939년 6월 25일

- 2008년 백신애문학상 제정

- 1939년 위장병 악화

- 1938년 중국 상해(上海)여행

- 1934년 단편소설 '꺼래이' '적빈'(赤貧) 작품 발표

- 1932년 귀국 · 결혼 · 이혼

- 1930년 도일(渡日), 니혼대학(日本大學) 예술과 입학

- 1929년 조선일보에 '나의 어머니' 발표, 문단데뷔

- 1927년 시베리아 여행

- 1926년 자인공립보통학교 교사 권고사직
        (여성 동우회 · 여자청년동맹 등 가입활동 이유)

- 1924년 대구사범학교 강습과 입학

부자 아버지의 기대와 달리 항일, 여성운동의 길을 걸은 백신애는 짧은 삶을 산 비운의 여류 문인이었다.

1908년 5월 20일 영천에서 태어나 1939년(6월 23일) 췌장암으로 숨을 거두었다.

아명(兒名)이 무잠(武簪), 호적엔 무동(戊東), 한때 술동(戌東)이란 이름을 썼고 뒷날엔 신애(信愛)로 통했던 그는 32년 생애 동안 우여곡절의 삶을 살았다.

신명여학교 중퇴 뒤 집에서 한문을 배웠고 경북사범학교 졸업과 동시에 영천에서 교사생활을 했다. 여성운동을 시작했고 결국 여성단체 가입 문제로 1926년 학교에서 권고사직 당했다.

또 그해 가을 러시아 블라디보스토크로 갔다 감금, 추방당한 경험도 했고 중국 상하이, 일본으로 세상구경도 다녔다. 귀국해 여자야학교사도 했다.

1929년 조선일보 신춘문예에 단편소설 '나의 어머니'로 1등 당선돼 우리나라 신문 신춘문예 여류작가 1호가 됐다. 소설 23편과 산문(38편), 시(1편) 작품을 남겼다.

이혼 등 개인적 아픔을 겪었고, 자신이 한때 살았던 대구 반야월(半夜月)을 좋아했다. 그는 "숙종 임금이 '반야월'이라 지었고 조선 명산인 대구 사과가 나는 곳"이라 소개했고, 파인 김동환도 백신애 관련 글에서 "'반야월'이란 이태백이나 지은 듯한 멋진 향촌"이라 표현했다. 그의 탄생 100년을 맞아 2008년 영천에 문학비가 세워졌고 문학상도 제정됐다.

영친왕(英親王)의 생모(生母)

엄 비(嚴妃)

1854년 11월~1911년 7월 20일

- 1911년 7월 장티푸스로 사망, 생전 상봉 못한 아들 이은 귀국
- 1908년 5월 28일 대한여자흥학회
- 1907년 아들 영친왕의 강제 일본유학
- 1906년 진명여학교(현 진명여자고등학교) ·
  명신여학교(현 숙명여대) 설립 후원
- 1905년 양정의숙(현 양정고등학교) 설립 후원
- 1903년 황귀비(皇貴妃) 책봉
- 1897년 아들 영친왕 이은(李垠) 출산
- 1896년 고종의 아관파천 지원
- 1895년 을미사변 · 민비시해, 재입궁
- 1885년 민비 질투로 출궁조치

어릴 때 궁녀가 되어 고종 황제의 계비(繼妃·임금이 다시 장가 들어 맞은 아내)로 고종의 막내인 일곱 번째 아들 영친왕(英親王) 이은(李垠·1897~1970)을 낳은 순헌황귀비 엄씨(嚴氏·1854~1911)는 입지전적 여성이다. 영친왕의 일본인 부인 이방자(李方子)의 시어머니인 엄 씨는 고종의 총애로 명성황후(민비)의 시샘을 받아 1885년 궁밖으로 쫓겨났다 1895년 황후 시해 뒤 다시 궁궐로 돌아왔다.

1896년 고종의 러시아 공사관 피신(아관파천)을 도왔던 엄 씨는 1897년 대한제국 선포 후 마흔 넷에 이은을 낳고 상궁에서 귀인, 순빈으로 지위가 격상됐다가 1901년 9월 23일 '순비'로, 이듬해엔 '황귀비'로 책봉됐다.

엄 씨는 문벌, 지위 도움보다 스스로의 뛰어난 정치적 감각과 능력으로 조선 여성의 최고 자리에까지 올랐다. 특히 인재양성의 절실함과 여성교육에 관심을 두었고, 이는 학교 설립으로 이어졌다.

1905년 양정의숙(현 양정고등학교), 1906년 진명여학교(현 진명여고)와 명신여학교(현 숙명여대)를 세웠다. 또한 교원 및 학생 지원도 아끼지 않았고 다양한 사회활동과 자선활동으로 조선여성의 역할을 넓혔다.

그러나 1907년 헤이그 밀사사건 이후 고종 퇴위, 아들 영친왕의 강제 일본유학으로 시련을 겪었고 결국 1911년 여름 장티푸스로 58년의 생을 마쳤다.

근대 여성의 기반과 활동영역 확대에 기여를 했다는 평가를 받고 있다.

중국 대륙을 누볐던 여성 광복군

오 광 심(吳光心)

1910년 3월 15일~1976년 4월 7일

- 2010년 5월 독립운동가 선정

- 1948년 4월 조국 귀환

- 1942년 임시정부 군무부(軍務部)
  초모공작(招募工作) 업무

- 1941년 2월 광복군 기관지 '광복'(光復) 간행참여

- 1940년 한국광복군 총사령부 선전조

- 1939년 한국광복진선
  청년공작대(韓國光復陣線靑年工作隊) 활동

- 1935년 민족혁명당(民族革命黨) 부녀부 차장

- 1931년 만주 동명중학(東明中學) 부설 여자초등학교

- 1930년 만주 초등학교 배달학교(倍達學校)
  조선혁명당 가입, 독립운동

- 1929년 만주 화흥학교(化興中學) 졸업

"비바람 세차고 눈보라 쌓여도/ 님 향한 굳은 마음은 변할 길 없어라/ 님 향한 굳은 마음은 변할 길 없어라// 어두운 밤길에 준령을 넘으며/ 님 찾아가는 이 길은 멀기만 하여라/ 님 찾아가는 이 길은 멀기만 하여라// 험난한 세파에 괴로움 많아도/ 님 맞을 그날 위하여 끝까지 가리라/ 님 맞을 그날 위하여 끝까지 가리라."('님 찾아가는 길', 오광심)

어린 시절 부모 따라 남만주로 떠나 민족독립운동 단체인 정의부(正義府)가 세운 학교에서 민족의식을 배운 오광심(吳光心·1910~1976)은 1929년 졸업 뒤 이듬해 교편을 잡았고 조선혁명당에 가입, 독립운동도 했다. 1931년 만주사변으로 교편을 접고 조선혁명군으로 활동하던 중 평생 동지인 조선혁명군 참모장인 백파 김학규(金學奎·1900~1967)를 만나 부부 연을 맺었다.

1937년 7월 중일전쟁 발발로 임시정부를 따라다니며 대일 항쟁에 나섰고, 1940년 9월 중경 임시정부가 창설한 한국광복군의 총사령부 사무 및 선전사업 분야에서 활동했다.

광복군 기관지 '광복'(光復)에도 참여, 한국 여성의 역할을 강조하고 항일의식을 고취하는 글을 썼다. 1942년 광복군 제3지대 소속으로 지대장인 남편과 함께 새로운 모병 임무를 맡아 완수했다.

광복 후 남편과 상해에서 교민 재산 보호 및 안전한 고국 귀국을 도왔다. 1948년 4월 귀국, 1976년 4월 7일 생을 마쳤다.

1977년 건국훈장 독립장이 추서됐고 2010년 5월의 독립운동가로 뽑혔다.

간호사로 항일 여성운동 벌인 여걸

정 종 명(鄭鍾鳴)

1895년~?

- 1930년 근우회 검사위원(檢査委員) 선임
- 1929년 근우회 의장 선임. 광주학생항일운동 관련 혐의 체포
- 1928년 7월 14일 근우회창립 1주년기념식 대회준비위원장
- 1927년 근우회 지명 집행위원 선임
- 1926년 12월 망월구락부(望月俱樂部) 참여
- 1925년 5월 조선여성동우회(朝鮮女性同友會)조직
- 1924년 사회주의 운동단체 북풍회 가담
- 1922년 4월 1일 여자고학생상조회(女子苦學生相助會) 조직
- 1921년 조산부 자격 취득, 조산원 개업
- 1919년 3·1만세운동 때 체포
- 1910년 배화학당 중퇴

"여자는 한번 결혼하면 그림자도 찾을 수 없다. 우리는 여성운동을 남자에게 의뢰하지 말고 가장 대담하고 용맹 있게 싸워 나아갈 아름다운 희생자의 출현을 간절히 바라고 있다."

간호사 출신의 사회주의운동가 겸 독립운동가 정종명(鄭鍾鳴·1895~?)은 항일과 여성해방 활동을 벌인 여걸이다.

가난으로 학업을 중퇴하고 17세에 결혼, 19세 때 남편을 사별한 뒤 세브란스병원 간호부학교를 나와 조산원으로서 사회주의 사상에 빠졌다. 1919년 3·1운동 관련 서류를 몰래 전달하다 들켜 문초를 당했고 독립운동 지원도 했다.

여성 해방을 위해 여자 교육의 필요성과 실력을 키워야 한다며 1922년 4월 1일 20여 명의 신여성 동지들과 '여자고학생 상조회'를 조직, 주도했다. 소외되고 가난해 학업이 어려운 불우 여성에 대한 교육을 위해서였다.

또한 1927년 2월 신간회가 조직되자 자매단체 성격의 항일 여성운동 단체인 근우회를 5월 서울에서 김활란(金活蘭), 황신덕(黃信德), 최은희(崔恩喜) 등 민족·사회주의계 여성 50여 명으로 만들어 주도적으로 이끌었다.

사회주의계 남성과 사랑을 나누다 헤어진 뒤 다시 항일운동가와 결혼을 하는 등 '자유연애' 모습도 보였다.

1930년 3월 발간돼 잡지 '별건곤'엔 '능란한 구변과 풍부한 유머, 감상적인 인정미를 가져 약간 얽은 얼굴에도 호감을 갖게 하는 여성운동가'로 소개됐던 인물이다.

일제 때 전 재산으로 학교를 세운

최송설당(崔松雪堂)

1855년~1939년

- 1963년 8월 15일 대통령문화포상 추서
- 1935년 11월 30일 송설당 동상 교내 건립
- 1931년 2월 5일 재단법인 송설학원(松雪學園) 설립,
  김천고등보통학교 개교
- 1930년 2월 25일 언론에 학교설립에
  전재산 희사취지 성명서 발표
- 1922년 최송설당문집 3권 발간
- 1912년 서울 무교동에 '송설당' 건립
- 1907~1908년 출궁 추정
- 1905년 김천 청암사 시주
- 1901년 조상의 신원(伸寃) 상소
  가문복권
- 1897년 영친왕 보모 입궁

"길이 사학을 경영하여 민족정신을 함양하라."

일제 때 전 재산으로 인재양성에 나서 오늘날의 명문 사학 김천중고등학교를 있게 한 주인공은 최송설당(崔松雪堂·1855~1939). 김천 태생의 그는 외가 쪽이 홍경래 난에 연루, 증조부와 조부의 억울한 죽음에 어릴 때부터 누명을 벗겨 가문의 명예회복을 맹세했다.

아버지 죽음과 남편과의 사별 뒤 그는 김천 장터에서 장사로 부를 모았다. 1887년 상경, 권문세가 부인들과 사귀며 입궐에 성공, 영친왕 보모가 되고 귀비(貴妃)에 봉해지고 고종으로부터 송설당이란 호(號)를 하사받았다.

고종과 명성왕후 뒤를 이은 엄비(嚴妃)의 신임으로 그는 1901년 어릴 적 맹세를 이뤄냈다. '홍경래의 난으로 인해 몰적(沒籍)된 화순(和順) 최씨 가문의 죄를 사면하고 복권하라'는 고종의 어명이 내린 것.

조선 패망으로 궁에서 나온 뒤 자선사업에 나섰다. 흉년이 든 고향의 기아민들에게 곡식을 전했고, 금릉학원에 기부금을 내는 등 베풂의 삶을 살았다. 1930년 2월 25일 신문에 학교설립에 전 재산 기부를 발표했다.

이듬해 2월 전 재산 30만2천100원(현 300억원 추정)으로 송설학원(松雪學院)을 설립, 김천고등보통학교를 개교했다.

사후 학교 뒷산에 묻혔고 정부는 1963년 대통령 문화포상을 추서했다. 시문에 능해 200수 넘는 한시와 60여 수의 국문시가도 남겼다.

광복 71주년
역사 속 榮^영辱^욕의
인물들

5부

외국인
조선에 빠지다

한국 사랑에 두 번이나 추방당한 미국 선교사

윤 산 온(尹山溫 · George Shannon McCune)

1878년~1941년 12월 7일

- **1938년** 숭실전문학교 폐교
- **1936~41년** 시카고 무디성서신학교 교수 재직
- **1936년** 총독부에 의해 국외 추방, 미국 귀국
- **1935년** 일제 신사참배 강요 거부
- **1929년 6월 12일** 농민잡지
  '농민생활'(農民生活) 편집 겸 발행인
- **1928년** 평양 숭실전문학교 제4대 교장 취임
- **1923년** 한국 재입국
- **1913년** 105인사건 연루, 일제 추방조치
  미국 귀국
- **1909년** 평안북도 선천 신성학교교장 취임
- **1905년** 미국 북장로회 선교사로 한국 파견

"기독교인으로서 나는 나의 기독교 양심으로써는 신도(神道)에 참배할 수 없습니다."

1905년 9월 한국에 첫발을 내디딘 미국 선교사 조지 S.맥큔(1872~1941)은 한국민들을 위하다 한국에서 두 번이나 강제 추방당했다. 한국 이름은 윤산온(尹山溫). 그의 성(姓) 매큔 혹은 맥윤(McCune)의 영어발음에서 윤(尹)을 따고, 중간 이름 새넌(Shannon)의 영어발음에서 산온(山溫)이라 했다.

장인이 세운 파크대학 졸업 후 선교사로 1905년 입국, 부인과 평양에서 4년간 한국어를 공부하며 교회일을 도왔다. 1909년 평안북도 선천의 신성(新聖)중학교 교장으로 학생교육에 나섰고, 1919년 3·1만세운동 때는 시위참가 학생들을 숨겨두는 등 한국인의 독립운동을 도왔다.

이 때문에 1921년 한국에서 추방됐다. 1928년 다시 한국에 와서 숭실중학교·숭실전문학교장(1928~1936)으로 한국학생을 가르쳤다. 시련은 1935년 일제의 신사참배 요구 거부로 시작됐다. 신사참배 거부로 결국 1936년 오늘 교장직에서 파면됐고 곧 3월 21일 두 번째로 추방됐다.

쫓겨났으나 미국에서 한국 유학생들을 지원했고 한국에 대한 연구자료로 두 아들과 함께 저작물을 발간하다 1941년 12월 7일 일본의 하와이 진주만 기습으로 태평양 전쟁이 터진 날 숨졌다.

윤산온에겐 건국공로훈장이 추서됐다.

나라 잃은 한국을 도와 훈장까지 받은

장 제 스(蔣介石)

1887년 10월 31일~1975년 4월 5일

- 1953년 건국훈장 대한민국장 수여
- 1949년 12월 타이완(臺灣) 정부 시작
- 1948년 중화민국 초대 총통 취임
- 1946년 중국공산당 결별, 내전 개시
- 1937년 국공(國共)합작 항일전쟁
- 1930년 대규모 중국공산당 포위전 수행 시작
- 1928년 베이징(北京) 점령
- 1927년 상하이쿠데타, 공산당 탄압
- 1926년 국민혁명군 총사령 취임, 북벌 개시
- 1907년 일본 육군사관학교 입학

일제에 맞서 중국서 항일 투쟁을 하던 독립 운동가들에게 장제스(蔣介石)는 큰 원군이었다.

일본 유학파인 그는 1928년 국민당 중심의 정부 건국에 참여, 정부 수반으로 지내며 1949년 공산군에 패해 타이완으로 밀려날 때까지 중국을 지배했다.

그는 1932년 4월 29일 상해 홍커우(虹口) 공원에서 일어난 윤봉길 의사의 일본군 겨냥 폭탄 의거에 깊은 감명을 받고 한국 독립운동의 강력한 후원자가 됐다.

그는 "중국 백만 대군도 못한 일을 일개 조선 청년이 해냈다"고 격찬했고, 대한민국 임시정부의 전폭 지원을 약속했다. 당시 중국은 1931년 일본의 만주 침략으로 일본에 대한 감정이 나빴다.

그의 후원을 계기로 임시정부는 독립운동의 구심체가 됐고, 김구와 장제스는 비밀 회동으로 협력 관계를 유지했다.

특히 1943년 7월 비밀 회동 결과, 그해 11월 27일 카이로 선언에 한국의 독립 보장 내용이 포함됐다. 이런 인연으로 그는 1949년 8월 6일 처음 한국에 들렀다. 정부는 1953년 독립운동을 도운 공로로 건국훈장 대한민국장도 주었다. '이웃 중국'은 한국과 중국을 '나쁜 이웃'으로 규정, 한국을 빼앗고 중국 침략에 주저 않던 '나쁜 이웃' 일본과 달랐다.

그는 '나쁜 일본' 응징에 나선 우리에겐 힘이 된 이웃이었다. 그를 생각하면 1992년 대만과 단교 이후 최근 두 나라 간 관계가 좋아져 다행스럽다.

독립운동 도와 훈장을 받은 영국인

조지 루이스 쇼(George Lewis Shaw)

1880년 1월 25일~1943년 11월 13일

- 2012년 8월 친손녀 마조리 허칭스(M. Hutchings)에
  대한민국 건국공로훈장 전달

- 1924년 김문규 만기출옥 후 이륙양행 재취업

- 1922년 8월 일본, 이륙양행 한국인 직원 김문규 체포

- 1921년 1월 26일 임시정부, 환영연 참석해 금색공로장 전달

- 1920년 7월 한국독립운동 지원해 내란죄 기소 4개월 옥고

- 1919년 이륙양행 회사내
  대한민국임시정부 교통국 사무실 제공

- 1914년(?) 상해의 일본상품배척운동 참여

- 1912년 6월 일본인 여성과 결혼

- 1907년(?) 중국 단동에서 무역회사 겸
  선박대리점 이륙양행 설립

- 1900년(?) 한국의 금광회계 근무차 한국 첫 방문

"우리 한국인들은 그를 '샤오'라고 불렀다. 그는 일본인을 싫어했다. 그래서 커다란 위험을 무릅쓰고 한국 독립운동을 열렬히 지원해 주었다."

미국 작가 님 웨일스(Nym Wales)가 쓴 '아리랑'(Song of Arirang)에는 독립투사 김산(金山)이 한국의 항일 독립운동을 도운 영국인 조지 쇼(George L. Shaw·1880~1943)에 대해 진술한 내용이 소개돼 있다.

웨일스는 책에서 "조지 쇼는 한국의 독립을 위해 희생한 것을 자랑스럽게 여겼다"며 그의 업적을 적었다.

당시 '이륭양행'(怡隆洋行)이란 회사 대표였던 그는 1919년 5월 중국 내 회사 사무실에 임시정부 연락사무소를 설치하도록 도왔다.

또 그는 회사에서 경영하던 무역선을 이용, 독립운동에 필요한 무기 운반과 군자금 전달, 독립운동가의 출입국, 국내와 임시정부와의 연락 등 중요한 창구 역할을 했다.

백범 김구 역시 1919년 상해 망명 때 이륭양행 배편을 이용했다.

그러나 그는 1920년 7월 독립의사 오학수(吳學洙)가 체포되는 사건에 연루돼 내란죄로 일본 경찰에 붙잡혀 같은 해 11월 19일 보석으로 풀려나는 등 곤욕을 치렀다.

정부는 그의 공적을 기려 1963년 건국훈장 독립장을 추서했고 국가보훈처는 올 8월 16일 호주에 사는 것으로 확인된 그의 손녀 마조리 허칭스 씨를 초청해 훈장을 전수하고 고마움을 전했다.

한국 사랑으로 한국 땅에 묻힌

호머 헐버트(Homer Hulbert)

1863년 1월 26일~1949년 8월 5일

- **1949년** 방한, 병사(病死)
  양화진(楊花津) 외국인 묘역 안장
- **1907년** 헤이그 비밀밀사 적극 지원, 미국 귀국
- **1905년** 고종 특사로 미국 방문
- **1900~1905년** 관립중학교(현 경기고) 교사 재직
- **1897년** 한성사범학교 책임자 겸 관립영어학교 교사
- **1896년** 구전 아리랑 최초 채보
- **1893년** 미국 감리교회 선교사로 재입국
- **1891년** 최초 순한글 교과서 '사민필지' 저술,
  육영공원 교재 사용. 미국 귀국
- **1888년** 제중원 학당 교육담당 겸임
  미국서 결혼, 부인과 재입국
- **1886년** 조선 최초 근대식 교육기관
  육영공원(育英公院) 영어교사 근무

"나는 웨스트민스터 성당보다도 한국 땅에 묻히기를 원하노라."

미국인으로 조선에 들어와 한국 독립을 위해 노력했고 일제에 의해 추방된 뒤 40년 만에 한국을 다시 찾았다 서거, 소원처럼 이 땅에 묻힌 호머 헐버트(Homer B. Hulbert·1863~1949) 박사는 한국인보다도 더 한국을 사랑했다.

우리나라 최초의 근대식 교육기관인 육영공원 교사로 1886년 들어와 1908년까지 교육활동을 펴며 한국 문화와 역사 등을 세계에 소개하는 데 앞장섰다.

특히 1905년 11월 25일 고종 황제 특사로 미국에 파견돼 미 대통령에게 황제 친서를 전하고 일본의 한국 병합 음모를 저지하려 했으나 미·일 간 가쓰라–태프트 밀약으로 실패했다. 1907년엔 헤이그 만국평화회의에 특사로 파견돼 한국독립 활동을 했다.

일본은 1908년 그를 추방했다. 정부 초청으로 1949년 방한, 8 15 광복절 행사를 앞둔 8월 5일 서거해 서울 마포구 합정동 양화진 외국인묘지공원에 안장됐다.

1950년 외국인으로는 처음으로 건국훈장 독립장이 추서됐고, 국가보훈처는 올해 '7월의 독립운동가'로 선정해 기렸다.

한편 그가 세상을 떠난 지 60년 만인 2009년 친손자 브루스 헐버트 부부가 처음 한국을 찾아 명예 마포구민증을 받았으며, 증손자 킴벌 헐버트는 올해 8월 명예 문경시민증을 받았다.

헐버트 박사가 문경새재아리랑을 서양악보로 채보해 한국의 대표 아리랑으로 해외에 소개한 인연 때문이었다.

2016년 8월 15일 초판 1쇄 인쇄
2016년 8월 24일 초판 1쇄 펴냄

지은이 | 정인열
펴낸이 | 이철순
디자인 | 이성빈

펴낸곳 | 해조음
등   록 | 2003년 5월 20일 제 4-155호
주   소 | 대구광역시 중구 남산로 13길 17, 보성황실타운 109동 101호
전   화 | 053-624-5586
팩   스 | 053-624-5587
e-mail | bubryun@hanmail.net

ISBN 978-89-92745-52-9 03910